To Barbara
with love
Bmuly

"Sensibilidad, color, forma y espíritu se entremezclan en este libro que invita a la reflexión del entorno que nos rodea. San Miguel de Allende cuna de la Independencia y de expresiones artísticas multiculturales que hacen de este lugar una fuente de inspiración inagotable para los artistas como Beverly Russell, quien nos deleita con imágenes visuales y las dulces palabras de poetas que le cantan al amor y a la vida."

Irma L. Rosado Soto
Humanista y luchadora social

Libros de Beverly Russell (en Inglés)

Architecture and Design 1970-1990
New Ideas in America

Women of Design

Forty Under Forty

Women of Taste
Profiles and Recipes of Famous Women Chefs

Six

Design Does Matter

The Adventures of Kundun the Golden Cat
(con Benjamin Beardwood)

Crossings: Words of Comfort

Paquete de cartas

Ask the Flowers

Disponibles en Amazon.com

Espacios
Jardines de San Miguel de Allende

Beverly Russell

Fotografía: Barry Michlin

Prefacio: Silvia Elguea

Espacios

Jardines de
San Miguel de Allende

Derechos de autor 2011
Beverly Russell

ISBN 978-0-9762905-2-0

Publicación de
Beverly Russell Enterprises
www.beverlyrussell.com

Diseño: Julissa Díaz
Fotografía: Barry Michlin
Impresión: Lightning Source

Ningún material de Espacios,
incluyendo la fotografía
puede ser reproducido sin
el permiso por escrito del autor.

A mi Padre

Prefacio
Silvia Elguea

Los poemas seleccionados en este libro pretenden darle un contenido verbal a las fotografías. En ellas se presentan los hermosos jardines que existen detrás de los muros antiguos en San Miguel de Allende; ciudad colonial recientemente nombrada por la UNESCO Patrimonio de la Humanidad.

Los jardines manifiestan la cultura mestiza de San Miguel, que no solamente tiene características de las culturas indígenas de la zona, y la española llegada a América en el S.XVI, sino también se puede notar la influencia del Mediterráneo y del Pacífico, así como de la Cultura Árabe que prevaleció en España, especialmente en el sur, debido a la ocupación de dicho grupo cultural en el mencionado país.

Los jardines de San Miguel también contienen eucaliptos originarios de Australia que llegaron en los barcos españoles, además de fuentes –que se usaban en el norte de África, de donde venía la cultura Árabe– para bajar la temperatura.

Encontramos adornos en las paredes llenas de flores, la buganvilia, entre otras y máscaras probablemente provenientes de las culturas Chichimeca y Olmeca de la zona, pero también de otras regiones del país. Debido a su localización geográfica, desde tiempos Prehispánicos llegaron influencias de otros pueblos indígenas.

Contenido

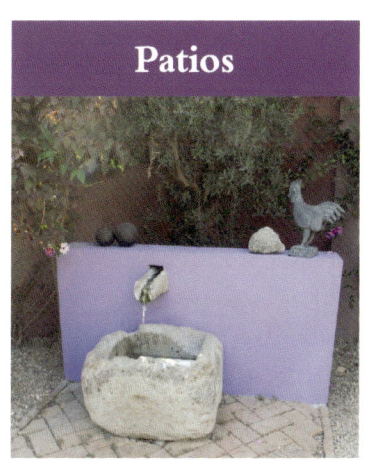

Patios

Un Patio: Jorge Luis Borges..1

Jardín: Eugene
y Dorothy Miller 3

Jardín: Eugene y Dorothy
Miller 5

Jardín: Michael Sudheer..... 7

Jardín: Anado McLauchlin
y Richard Schulz 9

Jardín: Richard
y Marianne Koerner 11

Jardín: Michael
Sudheer 13

Agua

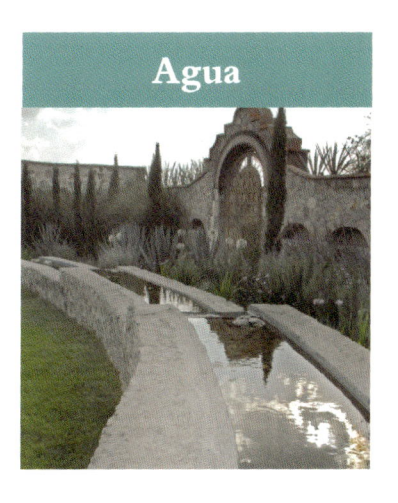

Fuente: Octavio Paz 15

Jardín:
Dianne Kushner 17

Jardín: Anado McLauchlin
y Richard Schultz 19

Jardín: Don Collins
y Richard Muetze 21

Jardín: Eugene y Dorothy
Miller 23

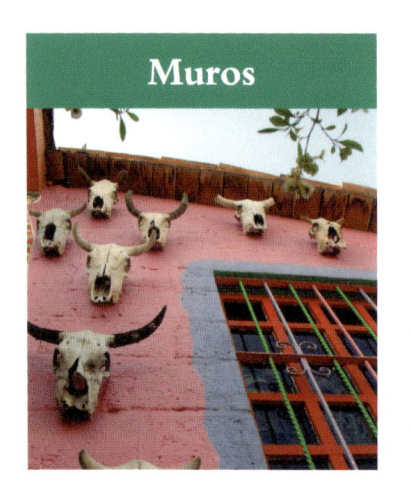

Muros

Glosa Incompleta en Tres Tiempos...
Salvador Novo 25

Jardín: Anado McLauchlin
y Richard Schultz 27

Jardín: Anado McLauchlin
y Richard Schultz 29

Jardín: Dianne Kushner 31

Jardín: Dianne Kushner 33

Jardín: David Tarrant 35

Jardín:
Betty Davis-Drewery 37

Jardín: Anado McLauchlin
y Richard Schultz 39

Flores

La Rosa:
Jorge Luis Borges 40

Rosa 43

Nocturno Rosa:
Xavier Villaurrutia 45

Rosas 47

Rosa 49

Arte

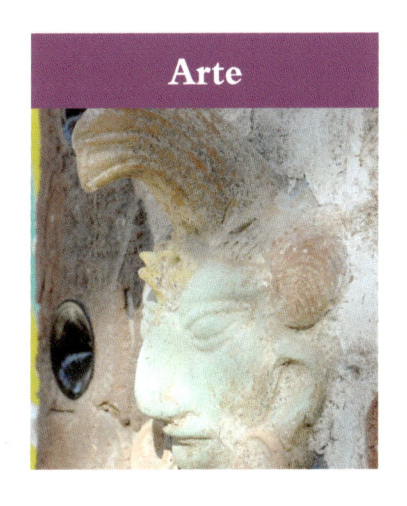

Un Jardín Más Allá del Paraíso : Jelaluddin Rumi ..51

Jardín: Anado McLauchlin y Richard Schultz............ 53

Jardín: Anado McLauchlin y Richard Schultz............ 54

Jardín: Anado McLauchlin y Richard Schultz............ 58

Jardín: Harry y Maureen Van Dine 59

Jardín: Harry y Maureen Van Dine 61

Mascotas

A Un Gato: Jorge Luis Borges 63

Jardín: Adrian Ross 65

Créditos.......................... 68

Un Patio
Jorge Luis Borges

Con la tarde
se cansaron los dos o tres colores del patio.
Esta noche, la luna, el claro círculo,
no domina su espacio.
Patio, cielo encauzado.
El patio es el declive
por el cual se derrama el cielo en la casa.
Serena,
la eternidad espera en la encrucijada de estrellas.
Grato es vivir en la amistad oscura
de un zaguán, de una parra y de un aljibe.

Patios

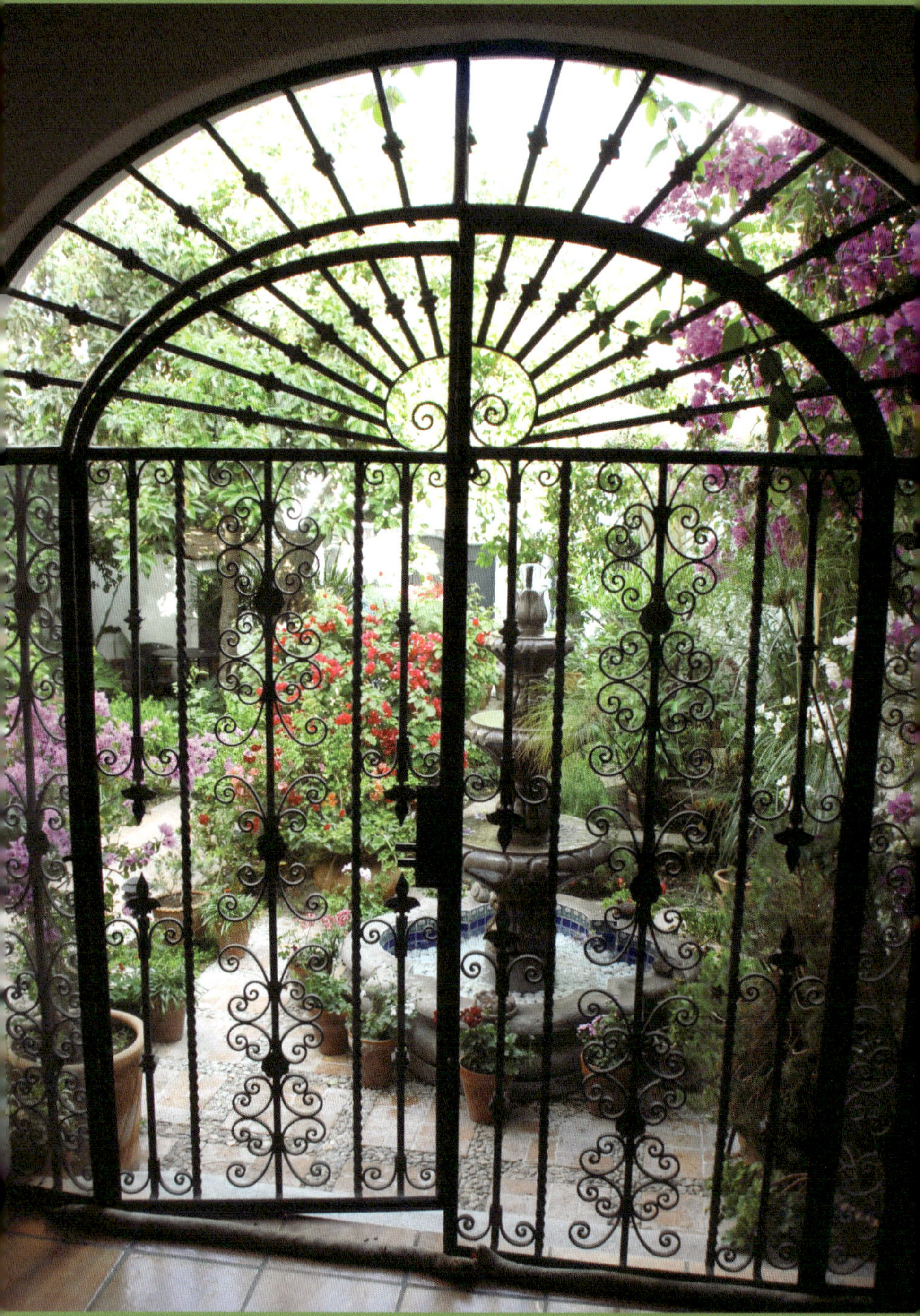

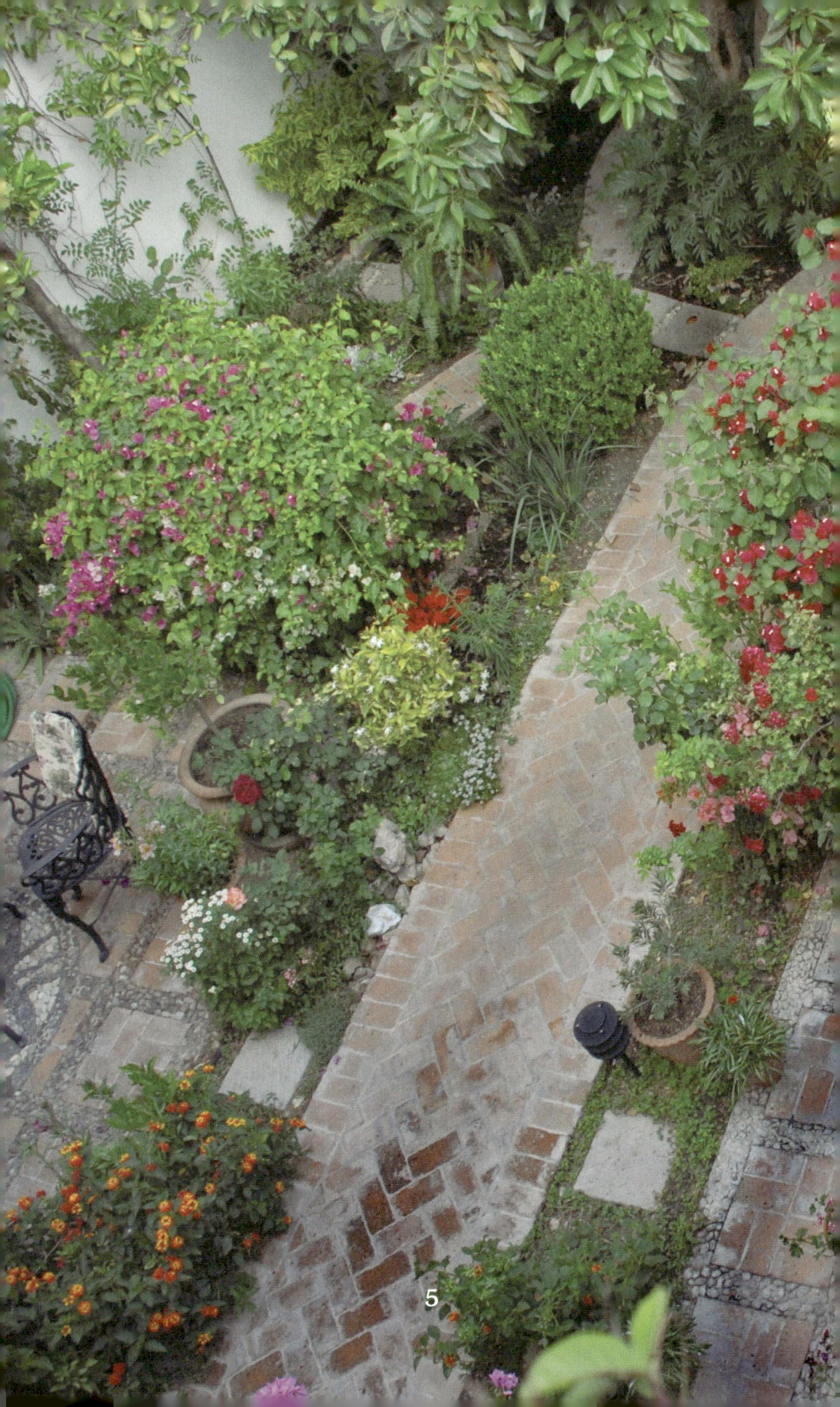

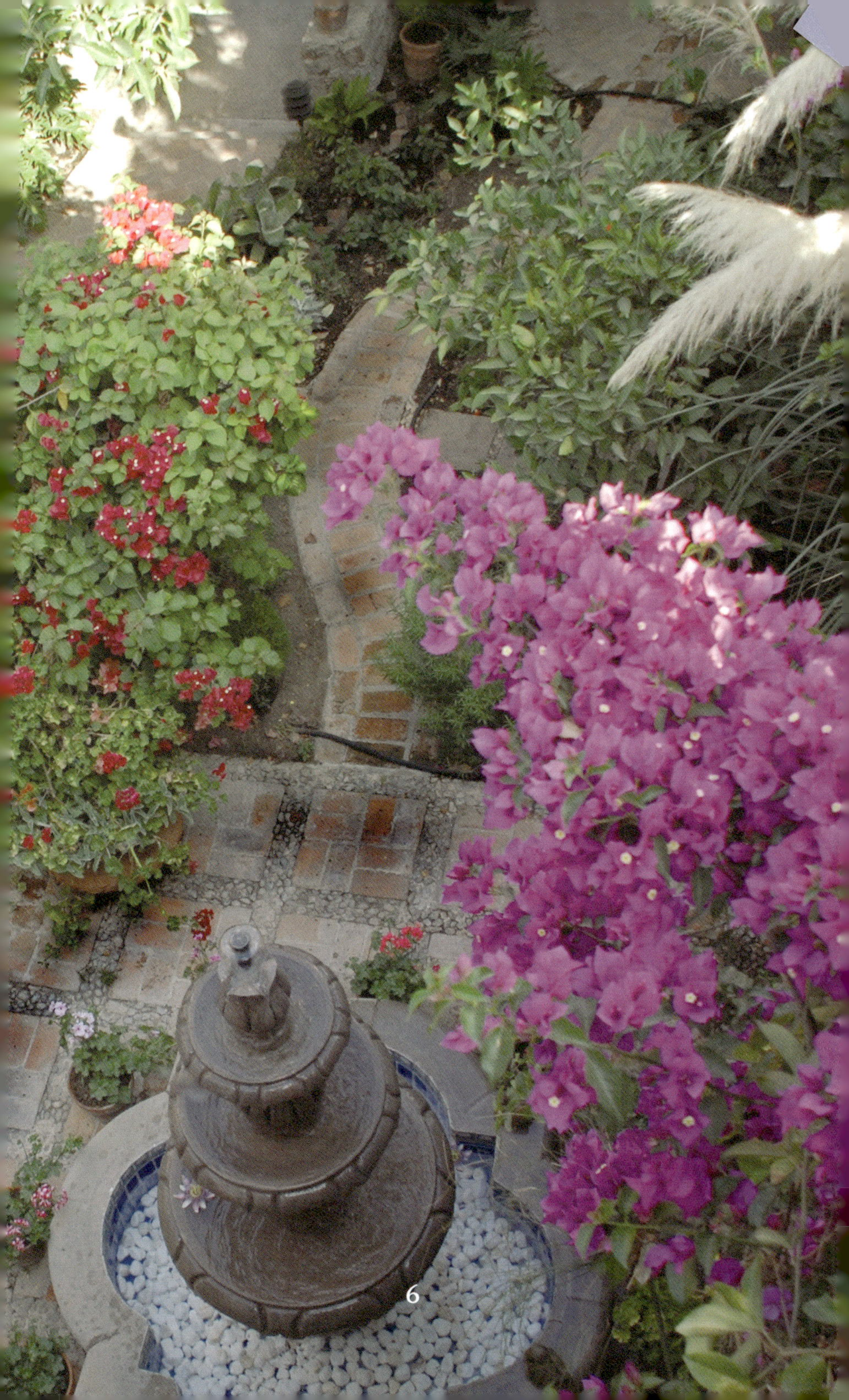

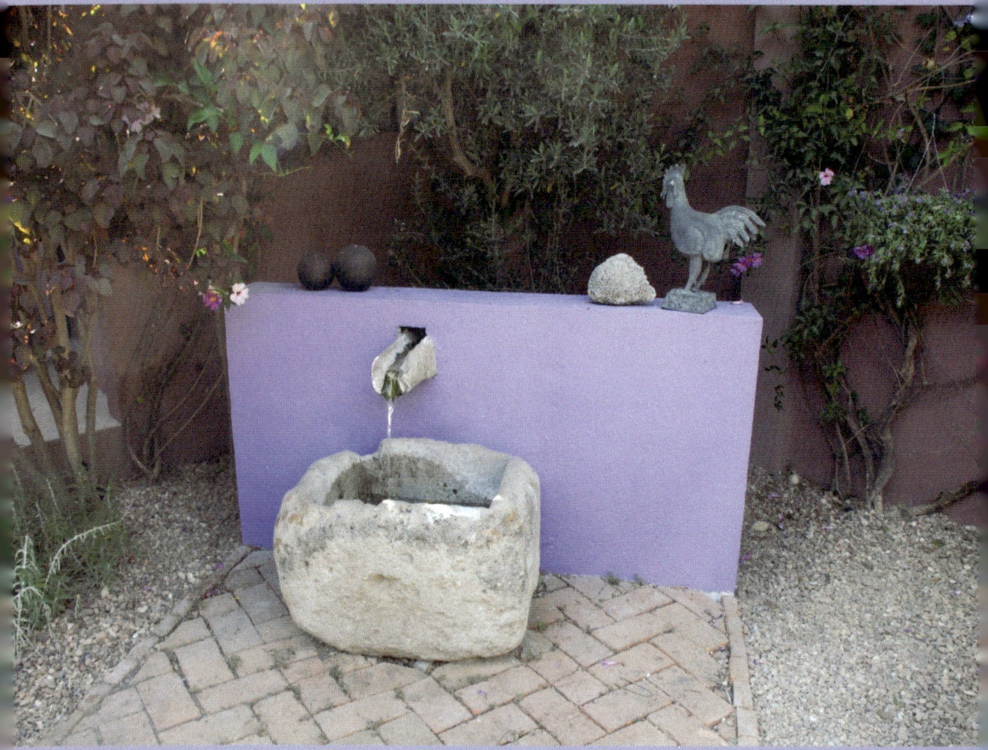

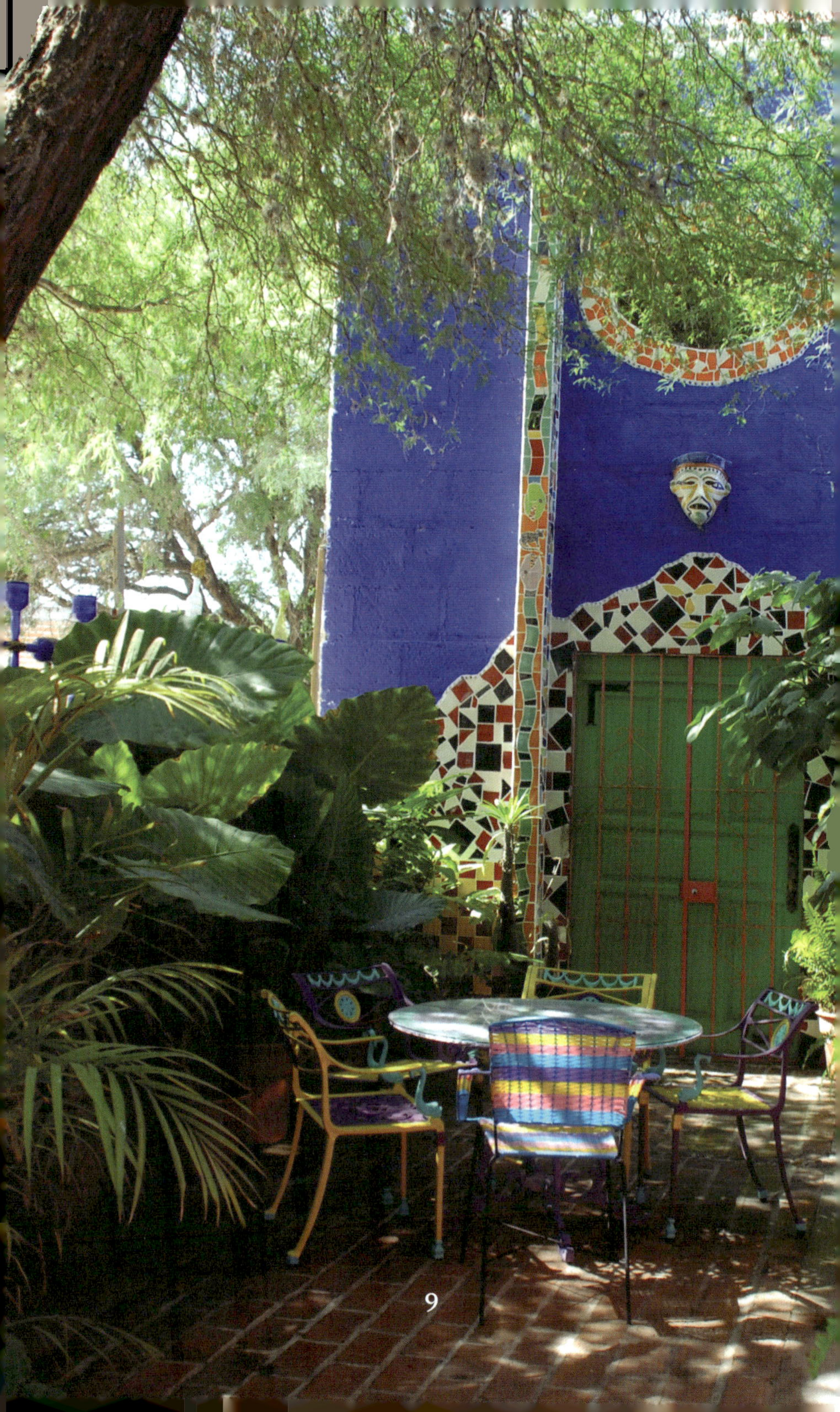

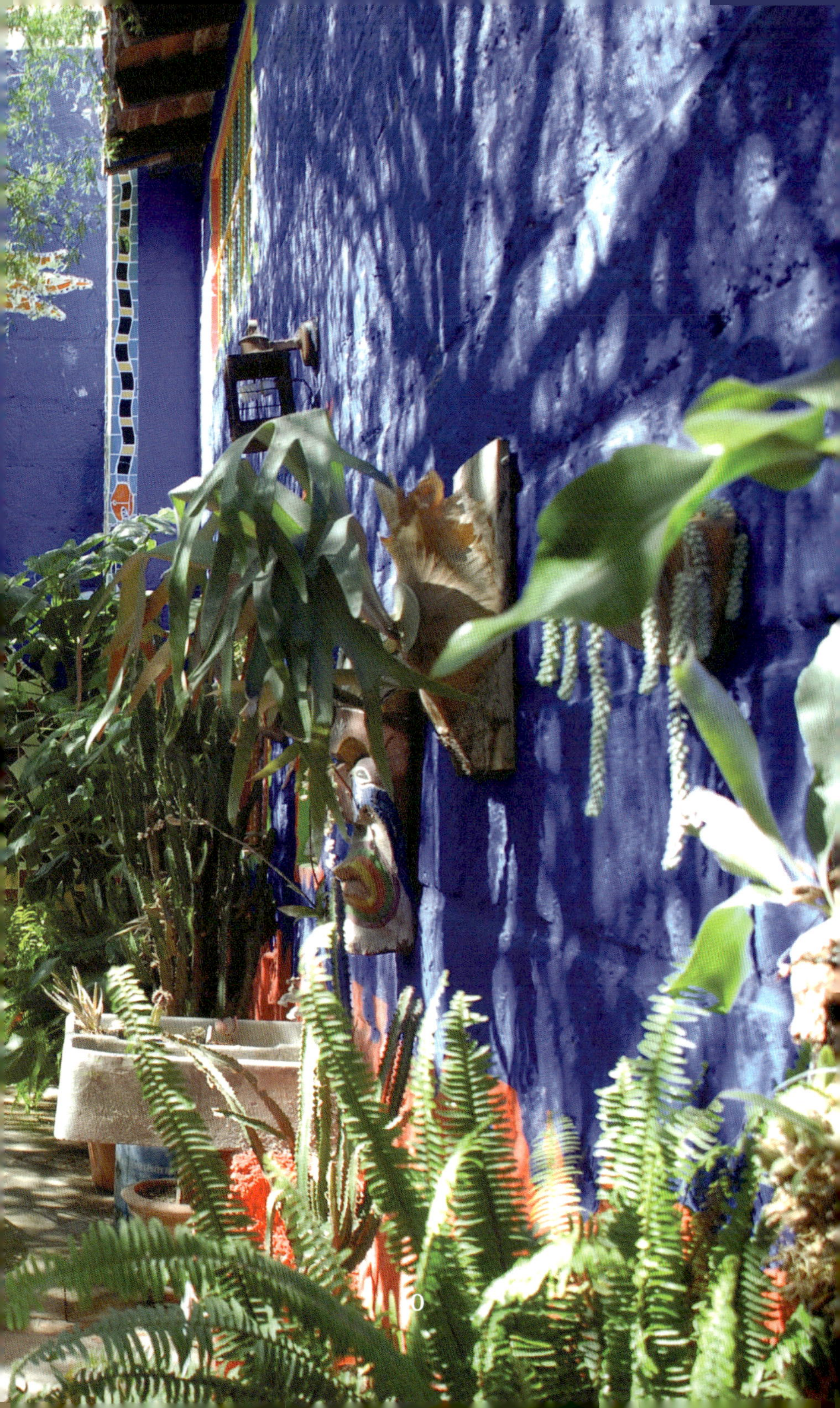

11

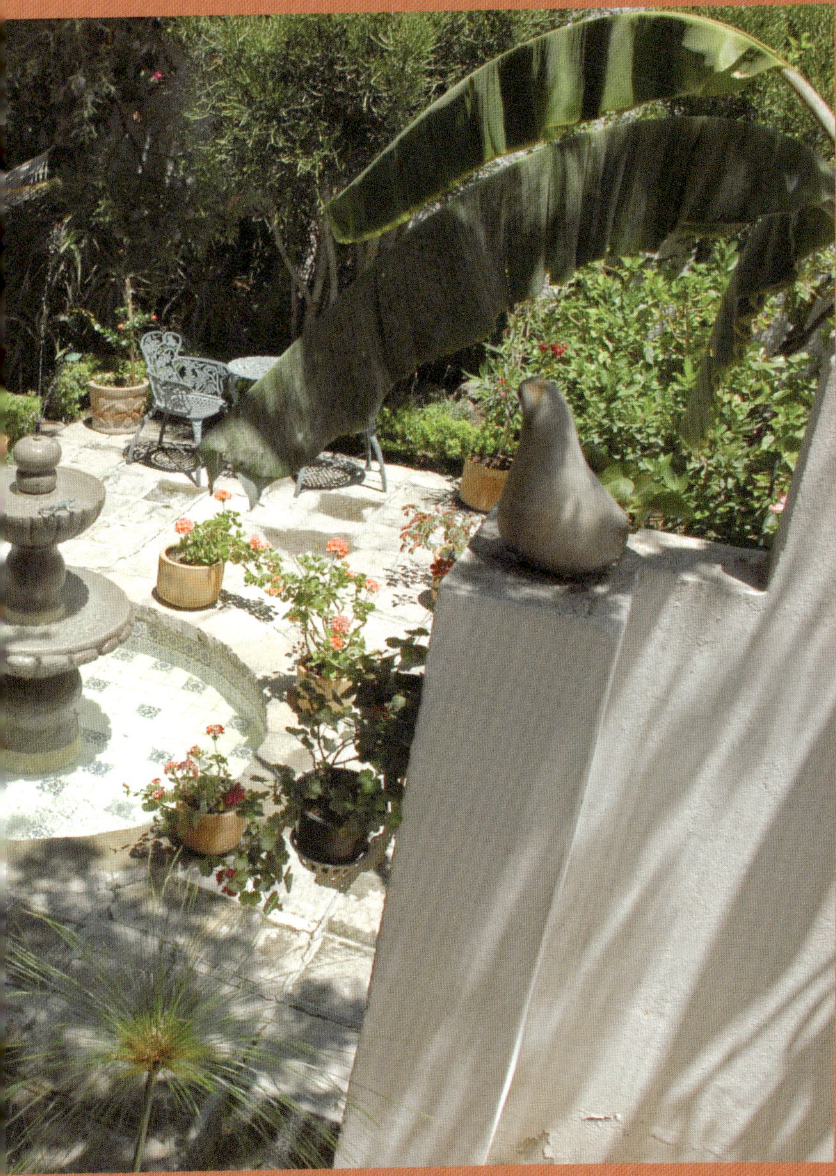

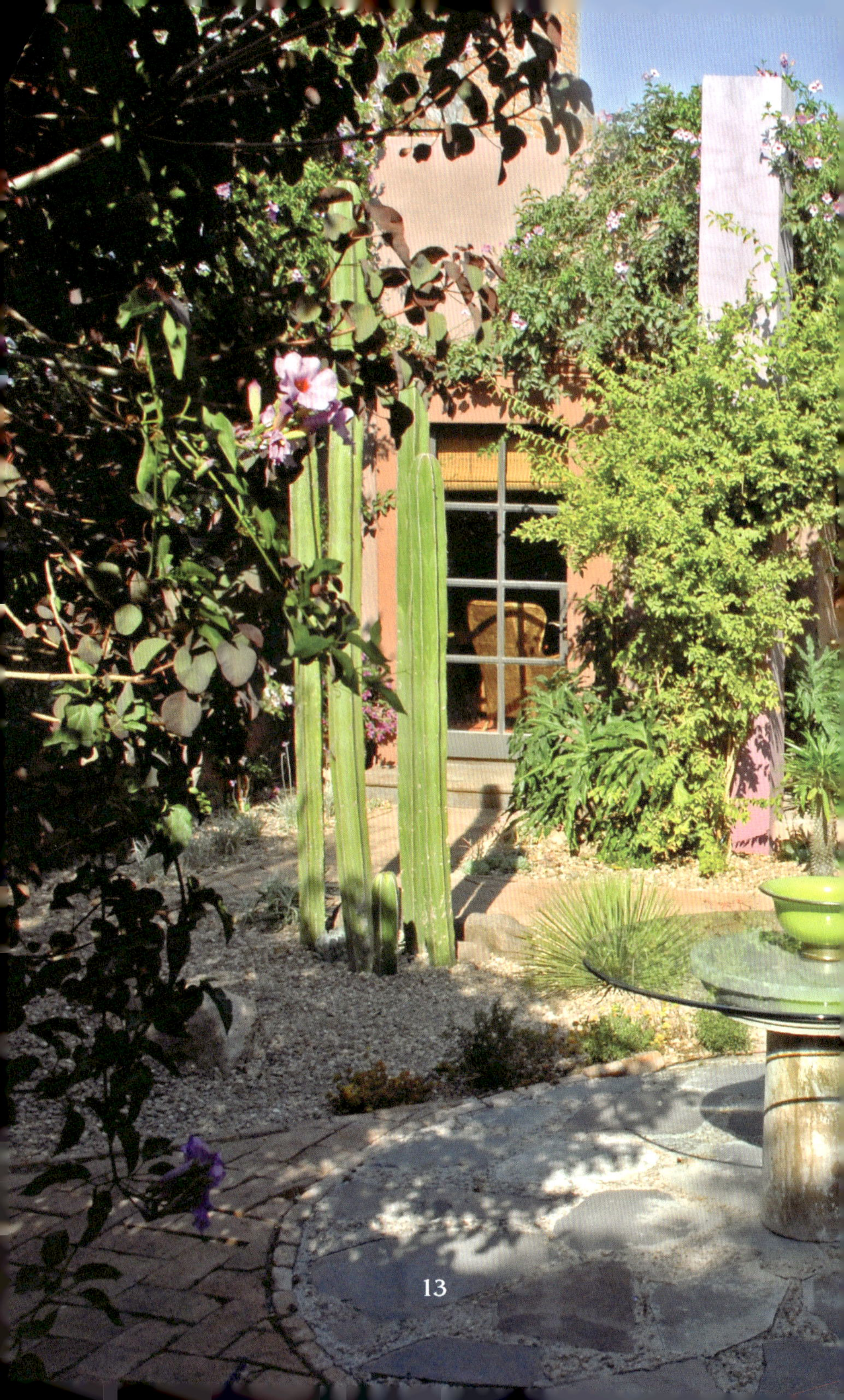

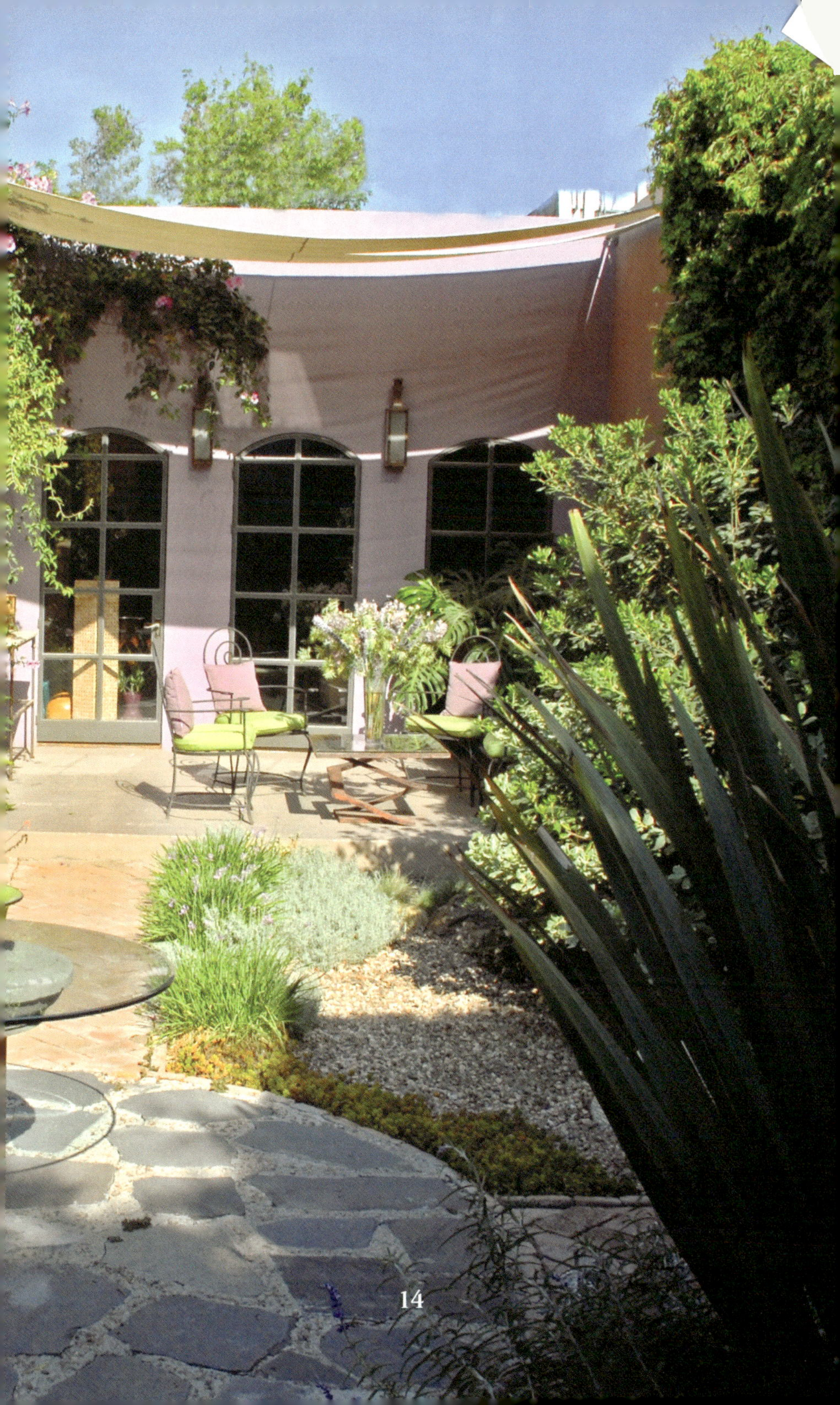

Fuente
Octavio Paz

…La ciudad sigue en pie.
Tiembla en la luz, hermosa.
Se posa el sol en su diestra pacífica.
Son más altos, más blancos, los chorros de las fuentes.
Todo se pone en pie para caer mejor.
Y el caído bajo el hacha de su propio delirio se levanta.
Malherido, de su frente hendida brota un último pájaro.
Es el doble de sí mismo,
el joven que cada cien años vuelve a decir unas palabras,
siempre las mismas,
la columna transparente que un instante se obscurece
y otro centellea,
según avanza la veloz escritura del destino.
En el centro de la plaza la rota cabeza del poeta
es una fuente.
La fuente canta para todos.

Agua

17

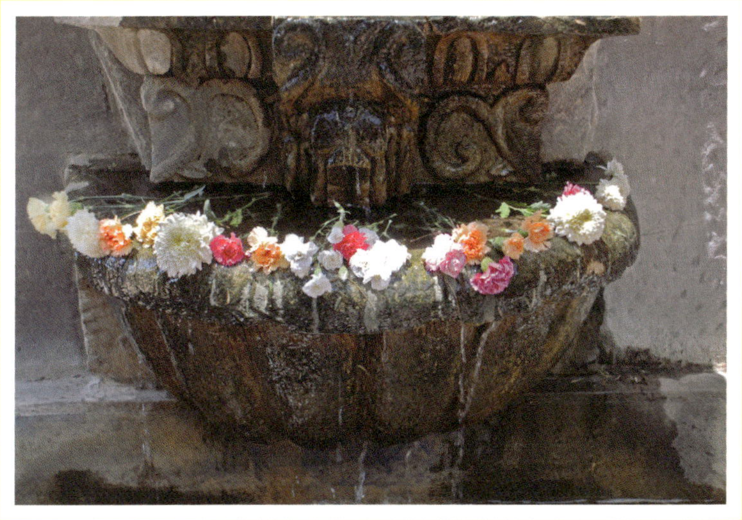

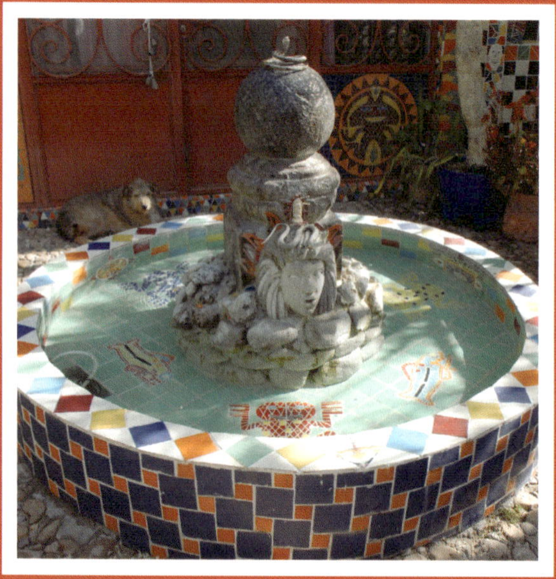

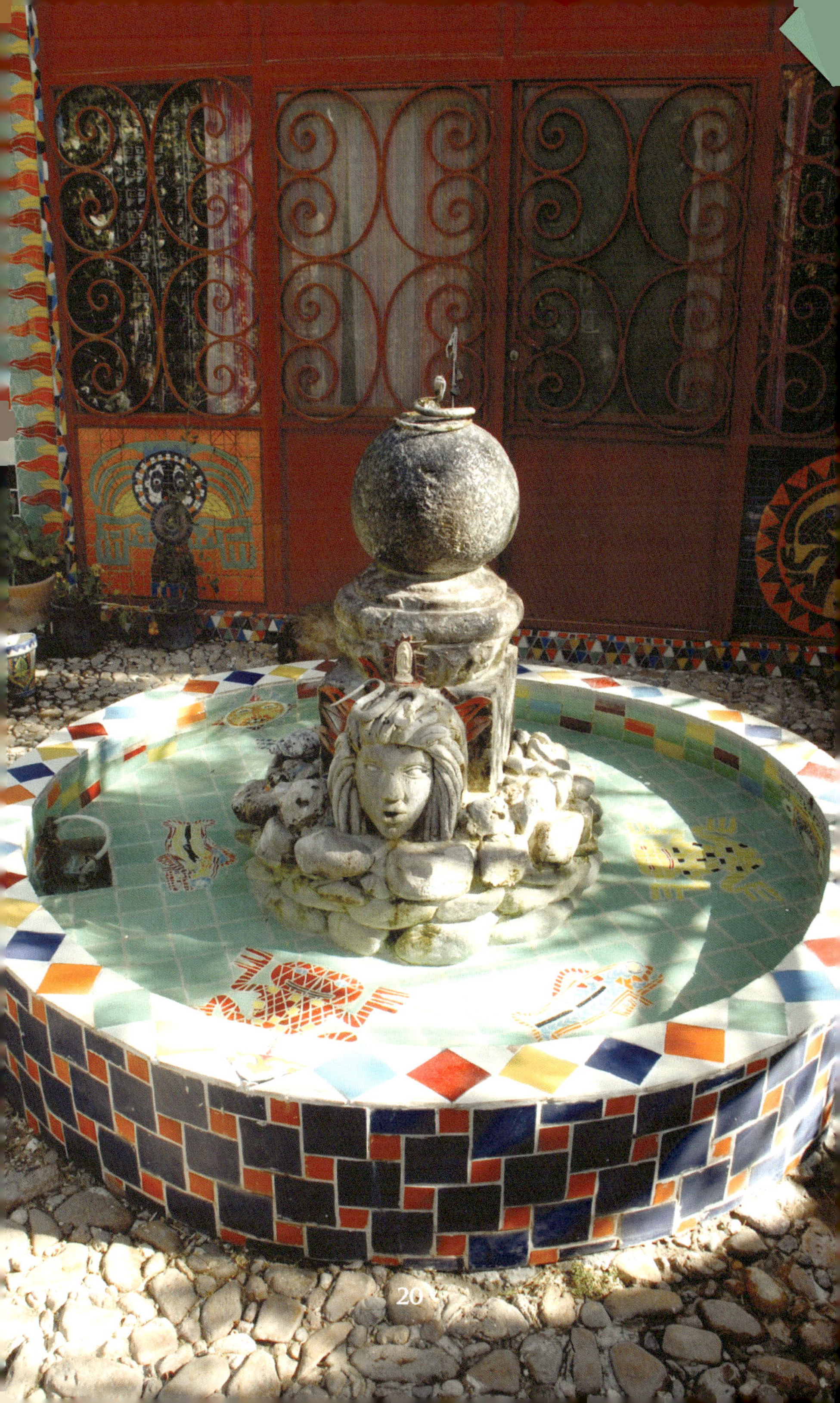

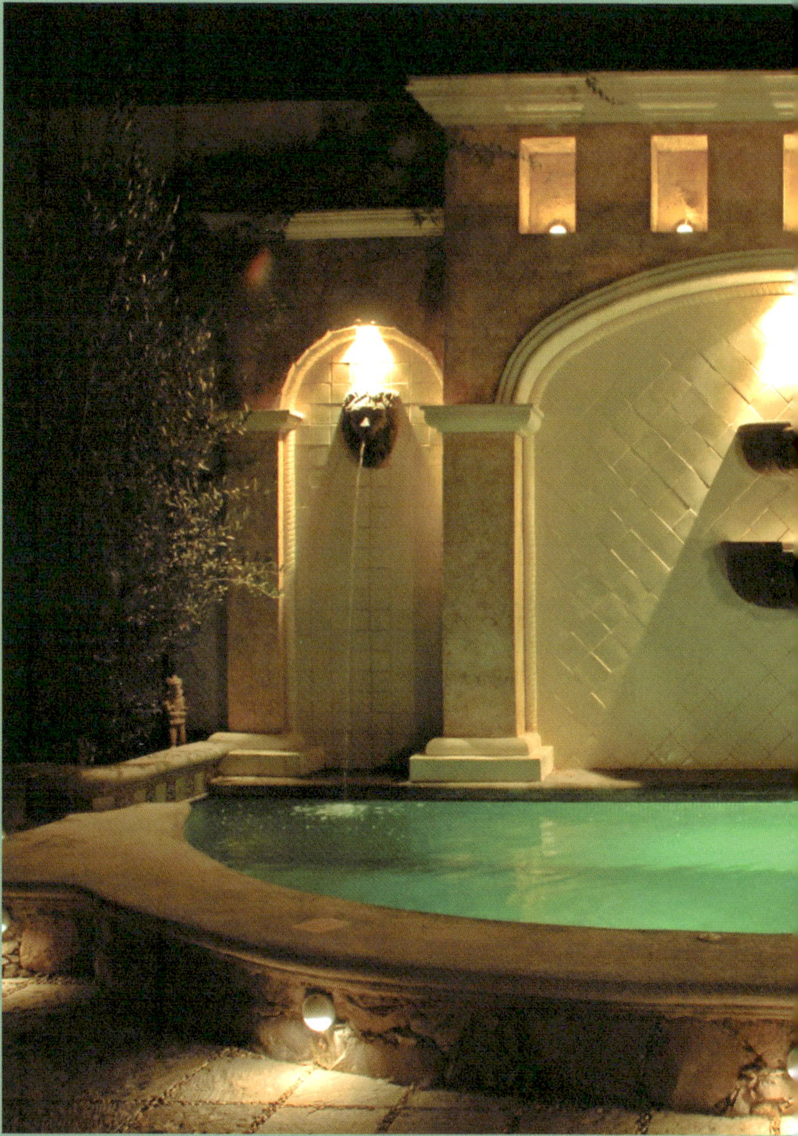

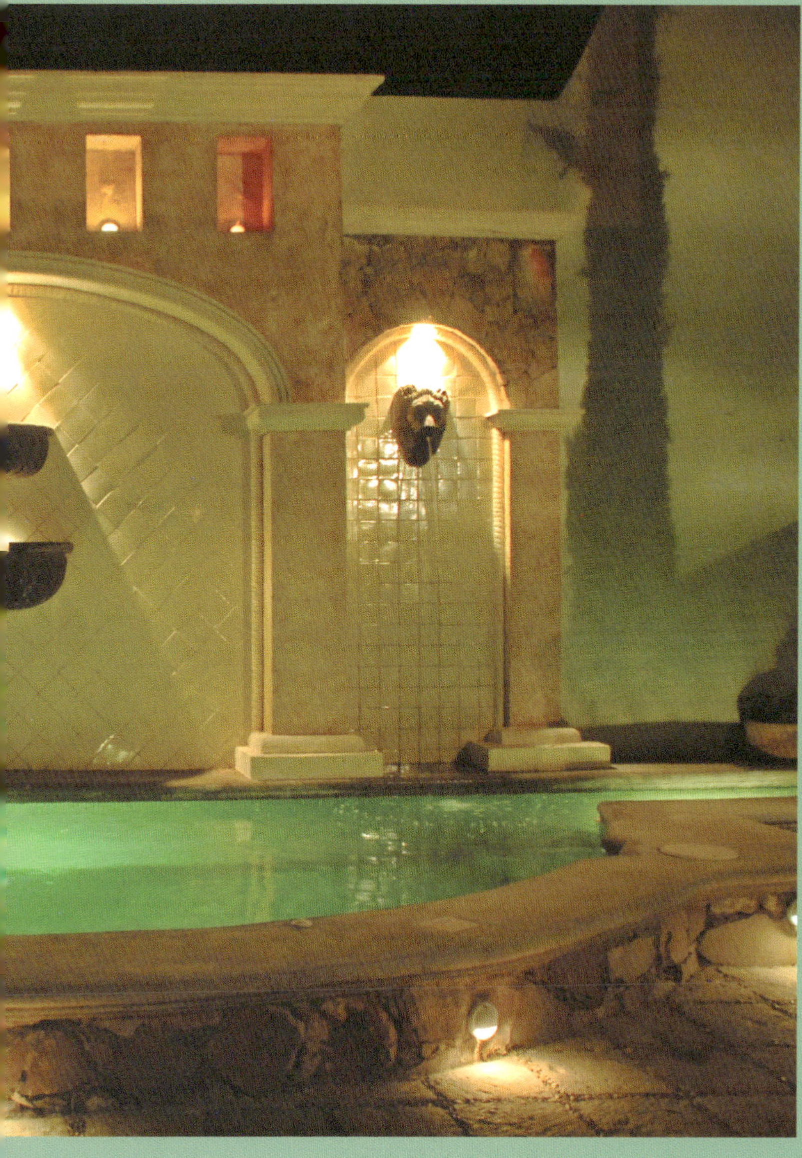

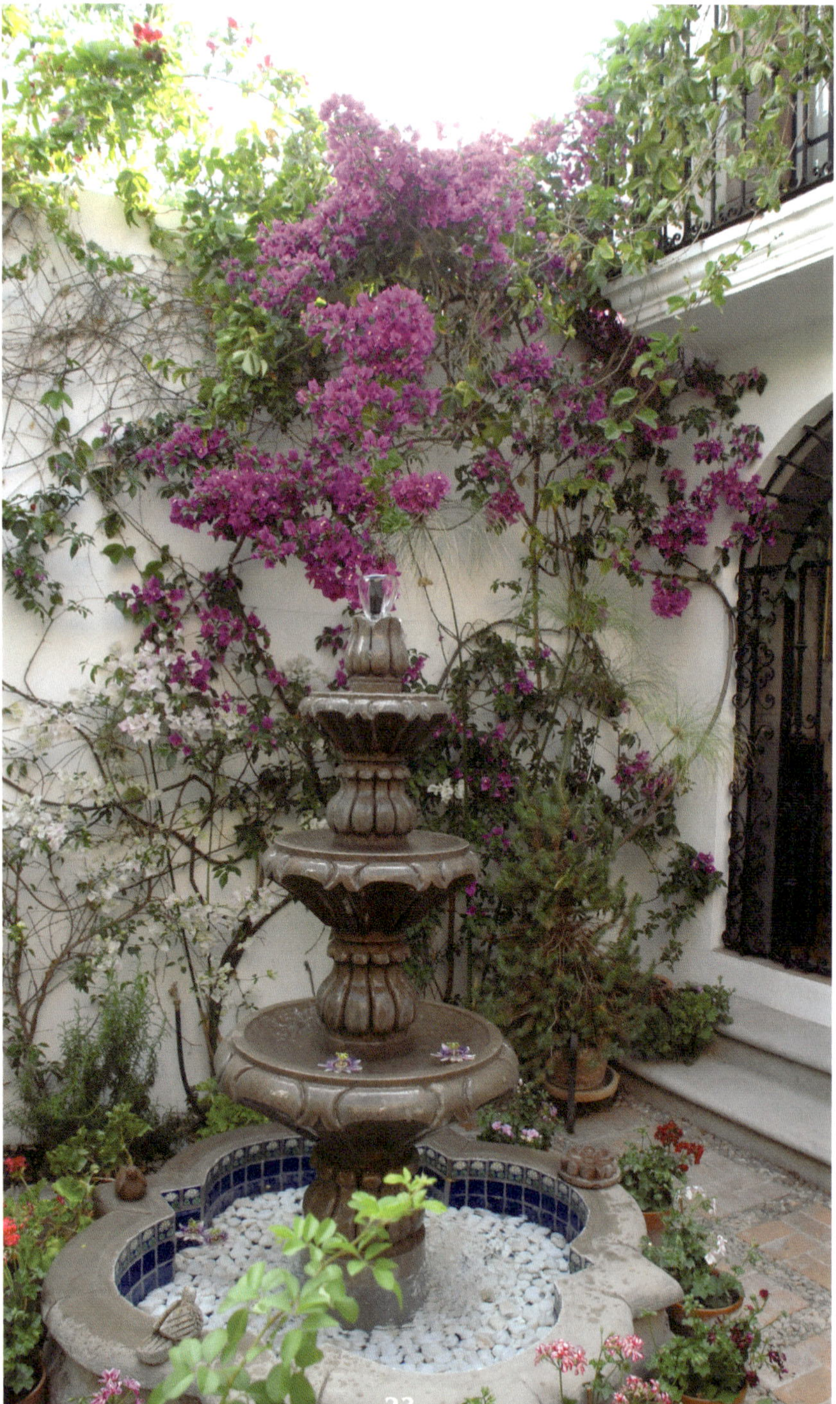

Glosa Incompleta en Tres Tiempos ...
Salvador Novo

Dentro de estos cuatros muros
pretendí ocultar mi dicha:
Pero el fruto, pero el aire
¿cómo me los guardaría?

Hora mejor que pospuse,
voces que eran para mí,
camino que no elegí,
destino que no dispuse;
¡cómo os volvisteis oscuros!
¡que amargo vuestro sabor
cuando nos encerró mi amor
dentro de estos cuartro muros¡

(continúa página 40)

Muros

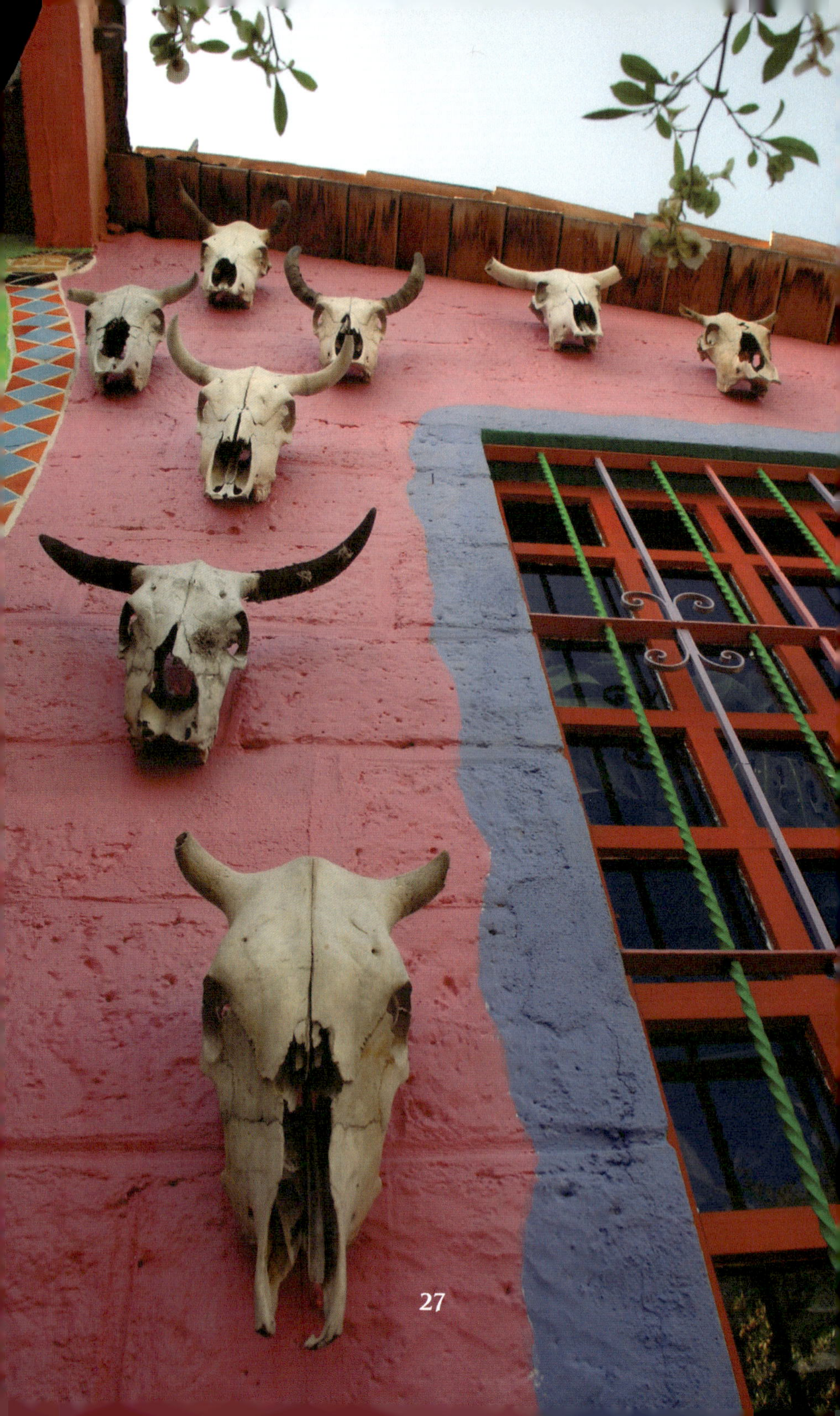

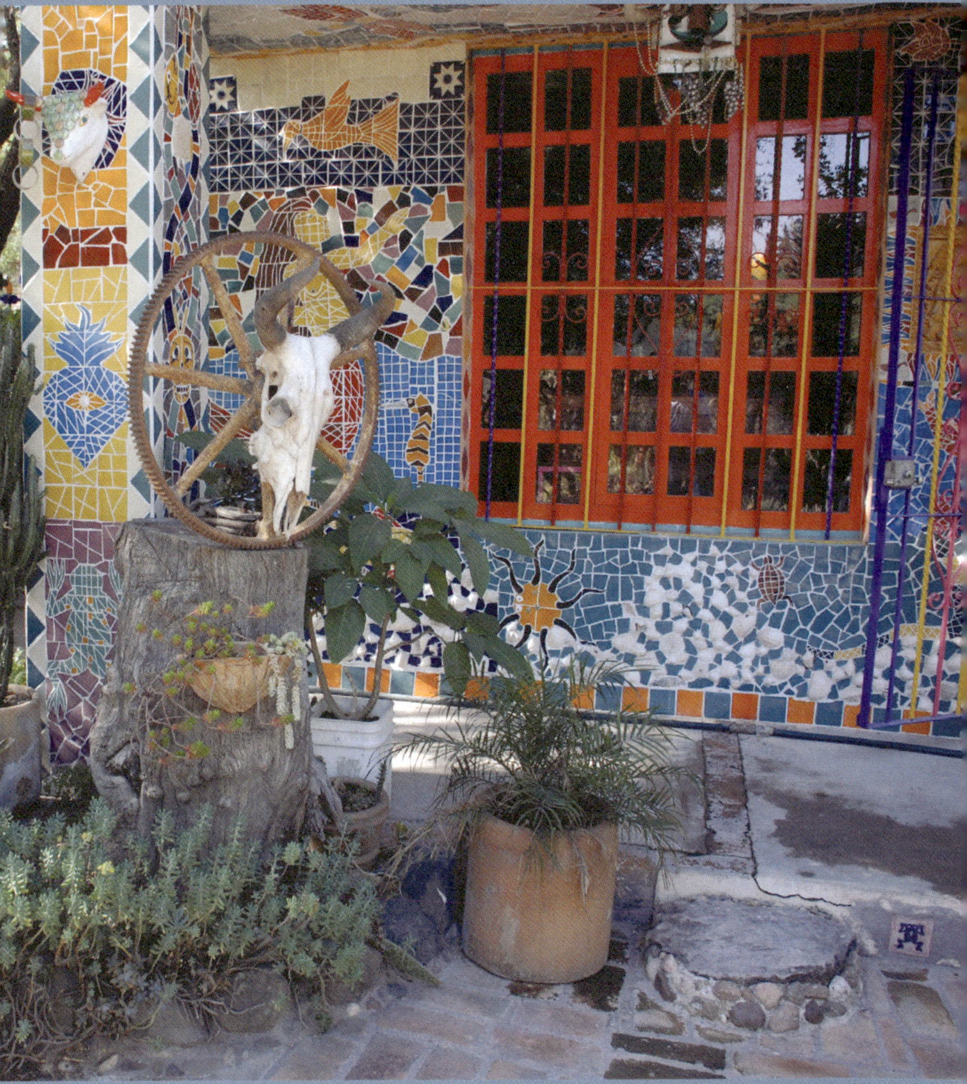

29

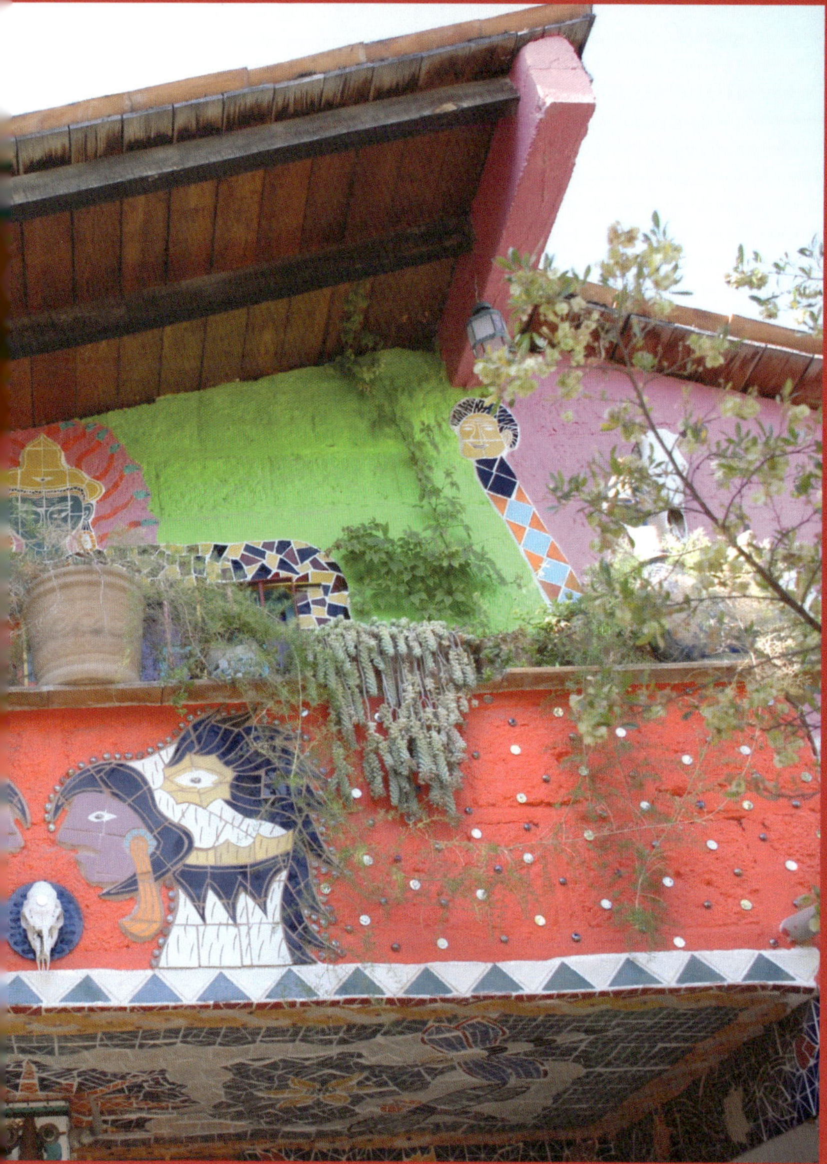

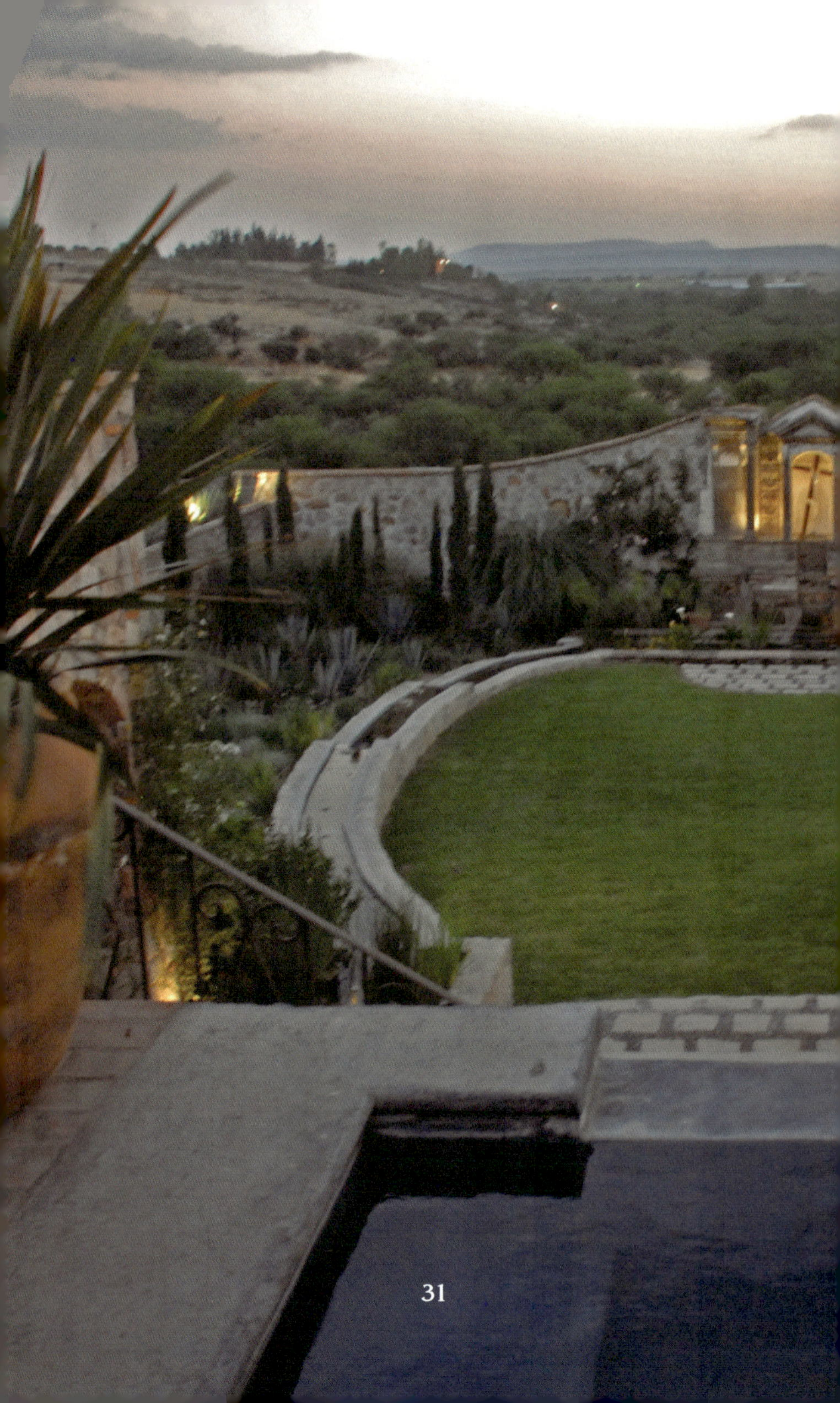

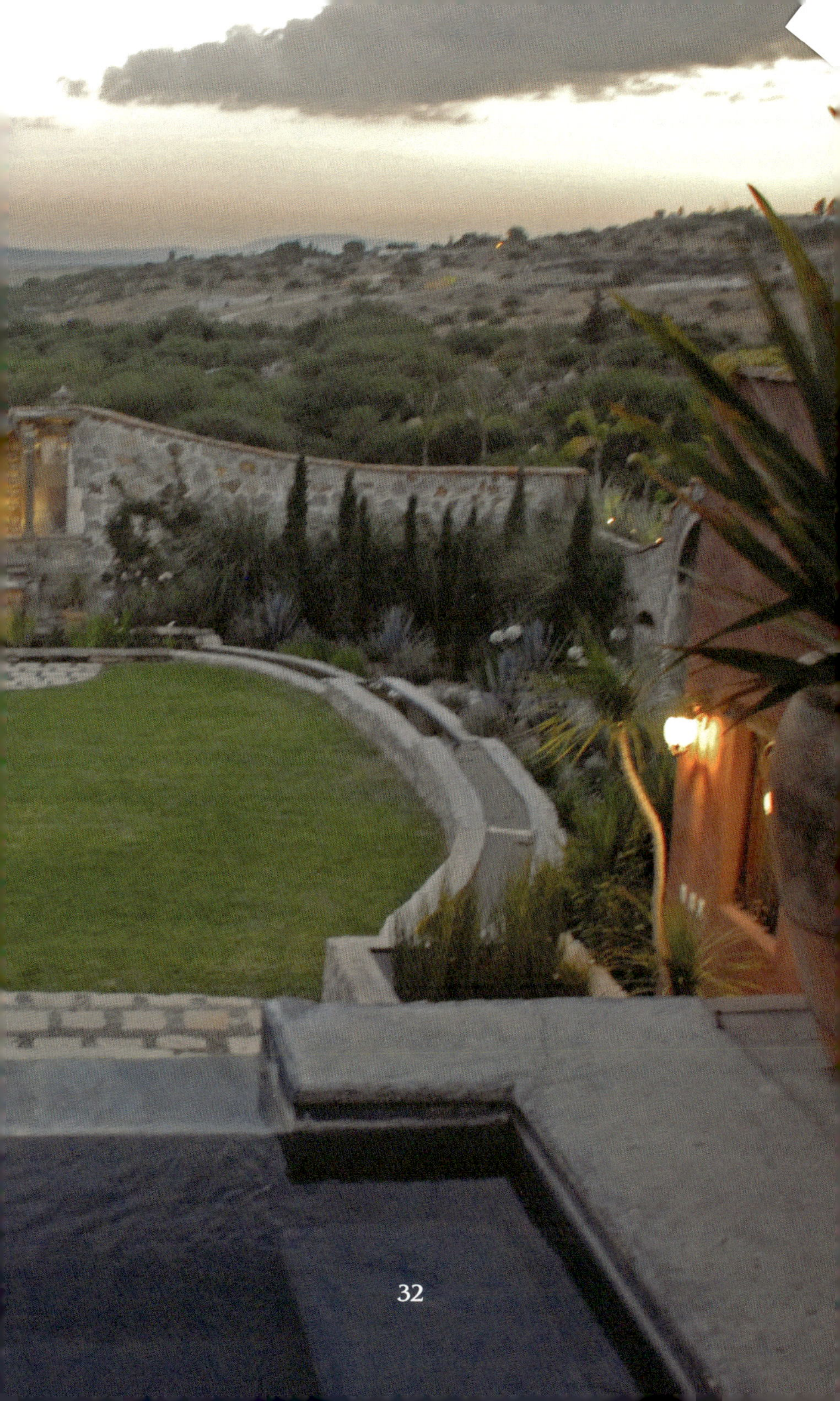

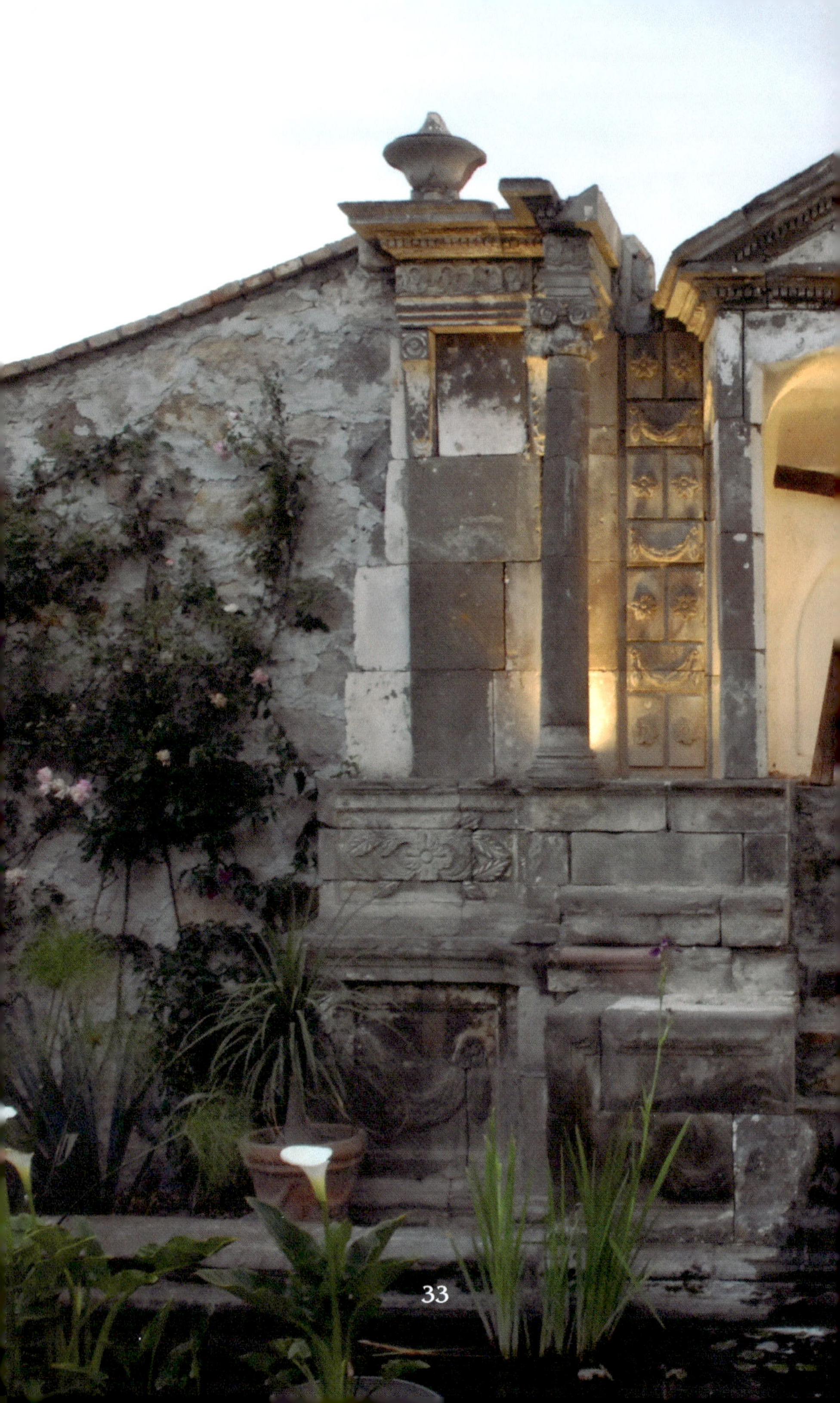

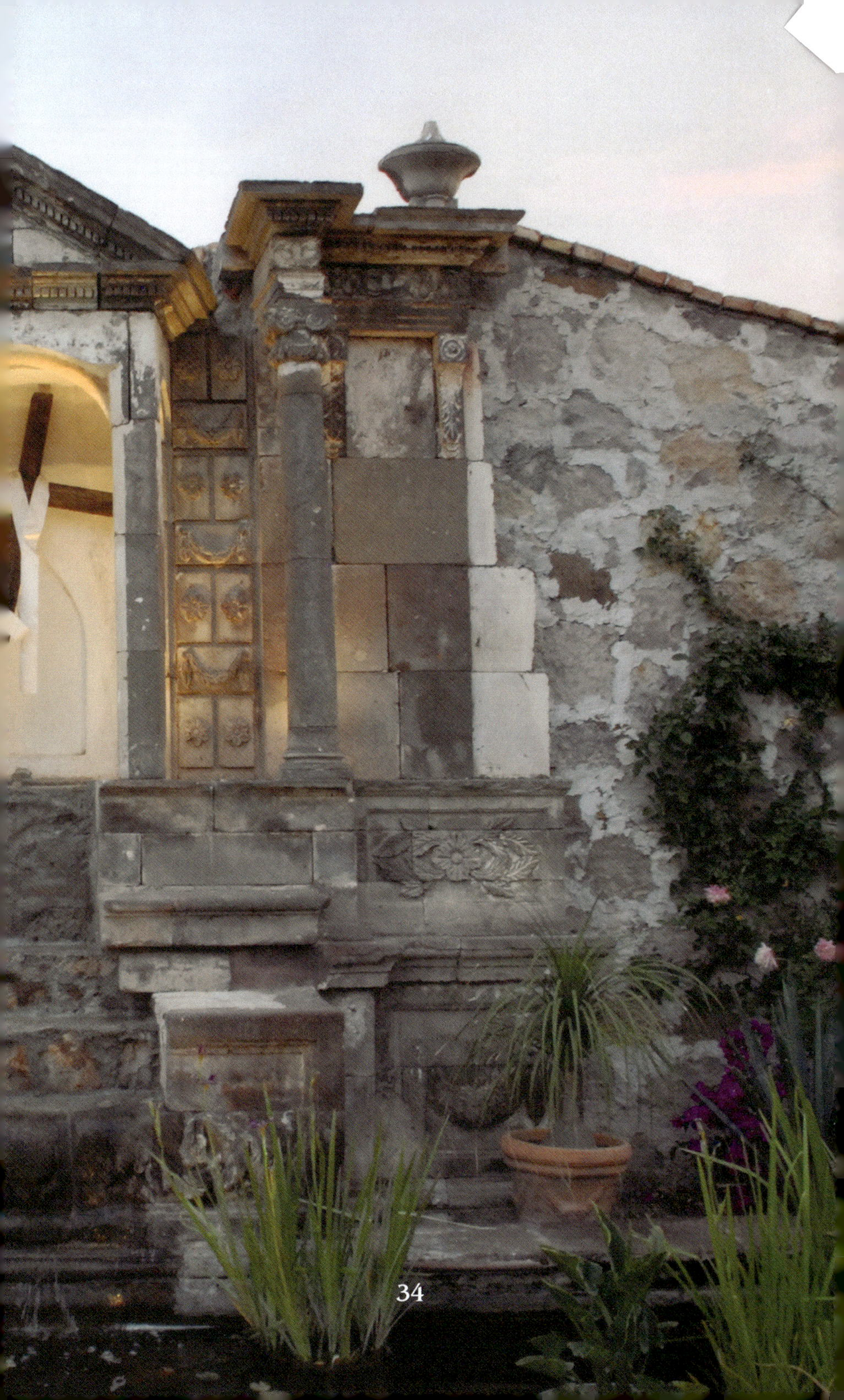

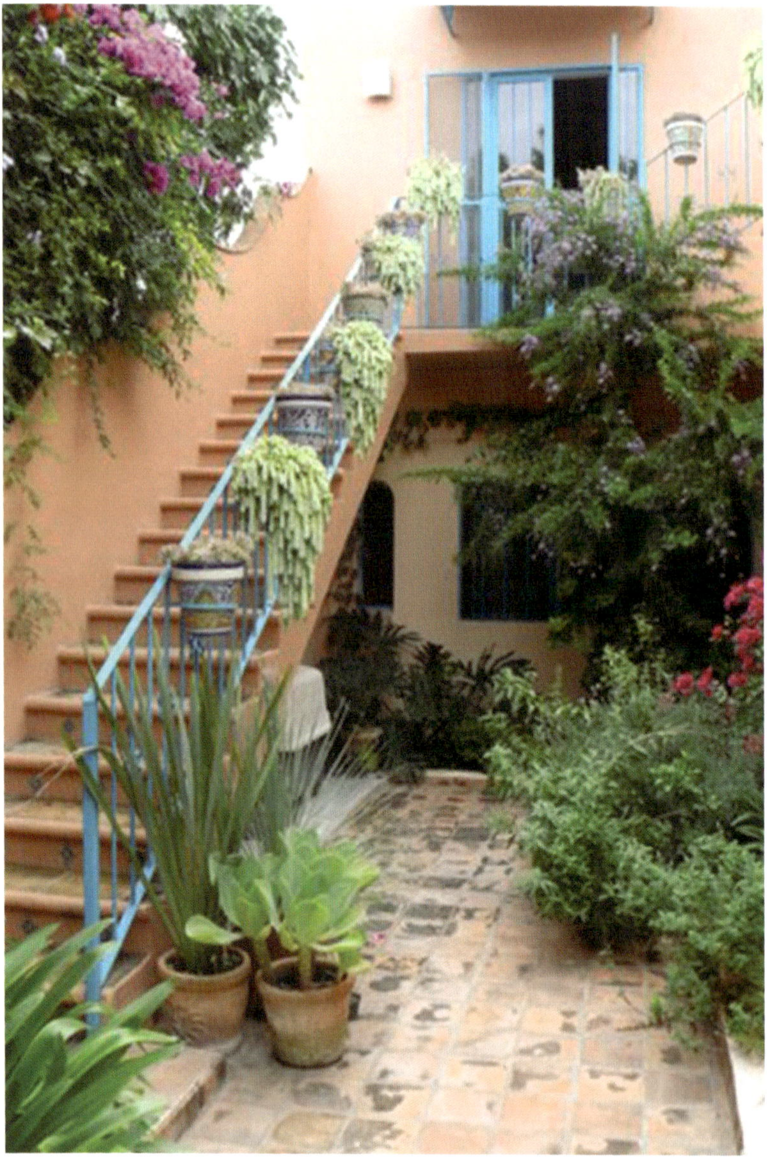

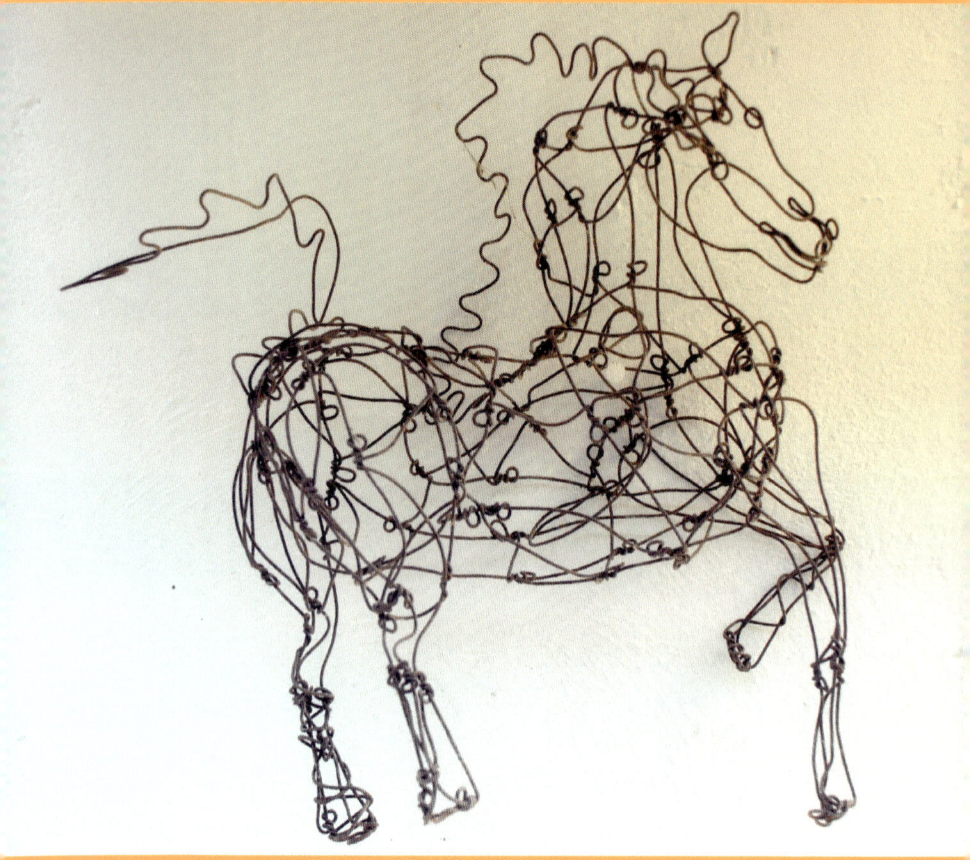

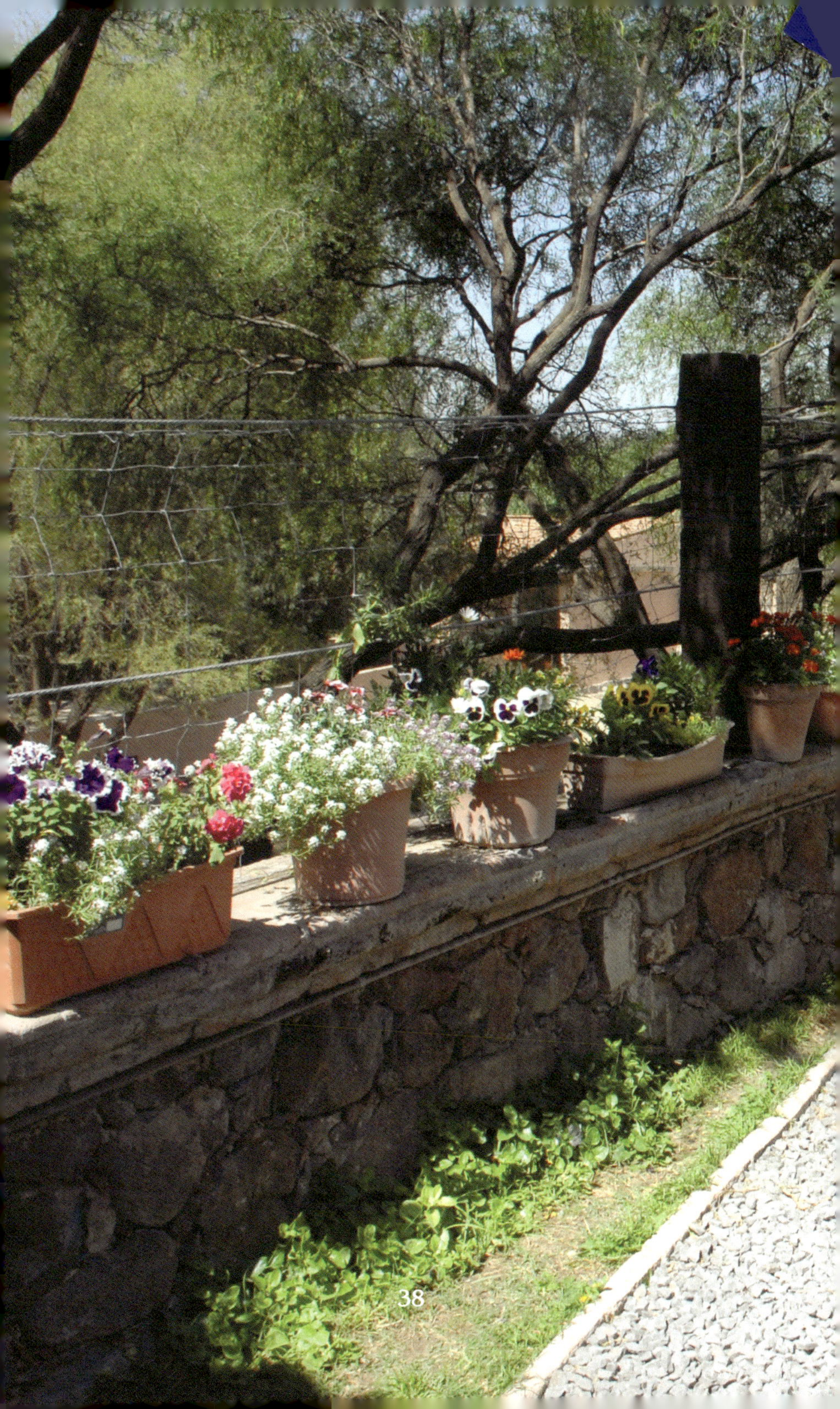

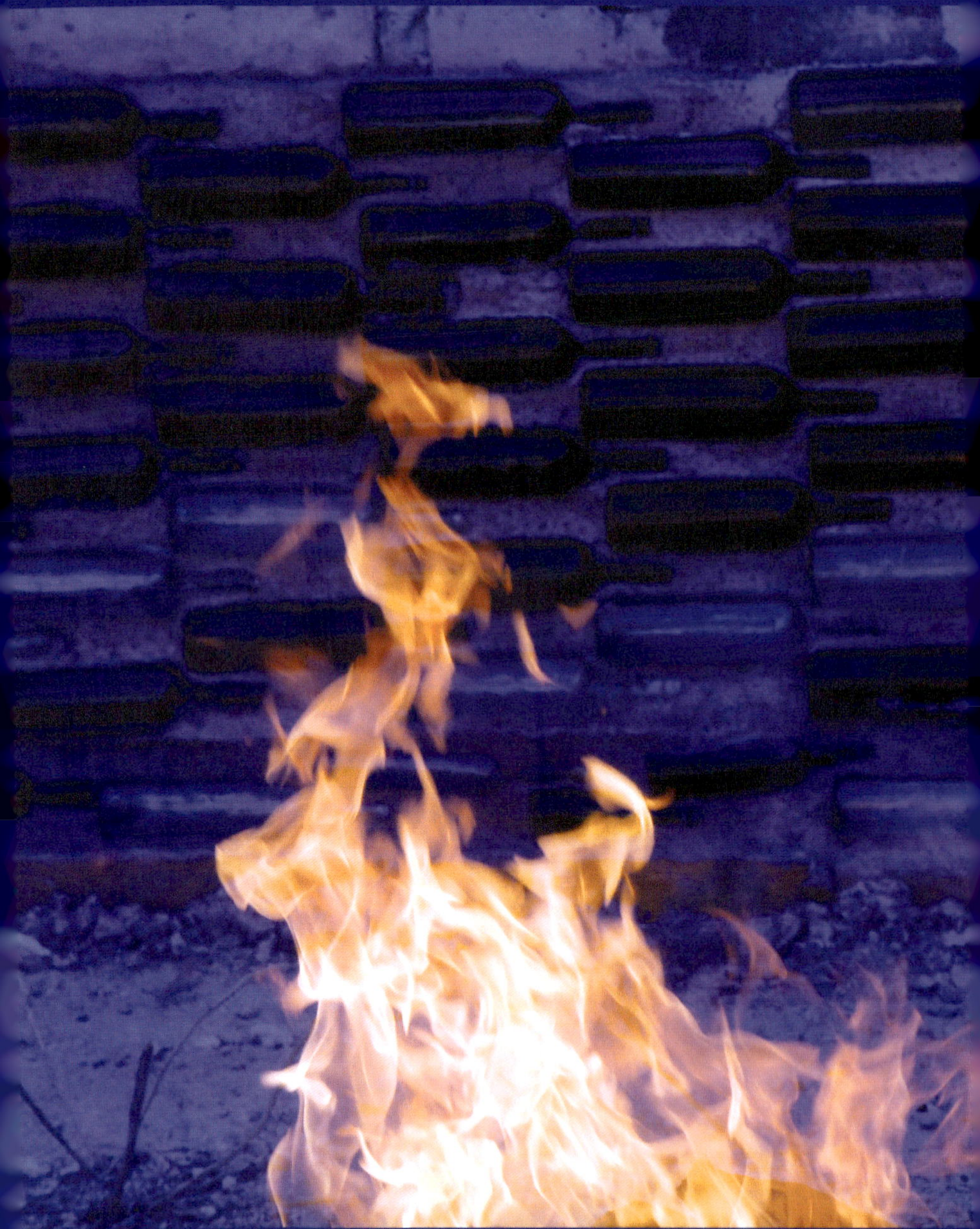

...Sobre
un Tema de Amor
Salvador Novo

Entre tu aurora y mi ocaso
el Tiempo desaparecía
y era nuestra y era mía
sangre, labio, vino y vaso.
En perdurar se encapricha
mi sombra junto a tu luz
y bajo negro capuz
pretendí ocultar mi dicha.

Pero el fruto, pero el aire,
pero el Tiempo que no fluya,
pero la presencia tuya
fuerte, joven, dulce, grande;
sangre tuya en vena mía,
lazos a instantes maduros,
dentro de estos cuatro muros
¿como me los guardaría?

La Rosa
Jorge Luis Borges

La rosa,
la inmarcesible rosa que no canto,
la que es peso y fragancia,
la del negro jardín en la alta noche,
la de cualquier jardín y calquier tarde,
la rosa que resurge de la tenue
ceniza por el arte de la alquimia,
la rosa de los persas y de Ariosto,
la que siempre está sola,
la que siempre es la rosa de las rosas,
la joven flor platónica,
la ardiente y ciega rosa que no canto,
la rosa inalcanzable.

Flores

43

44

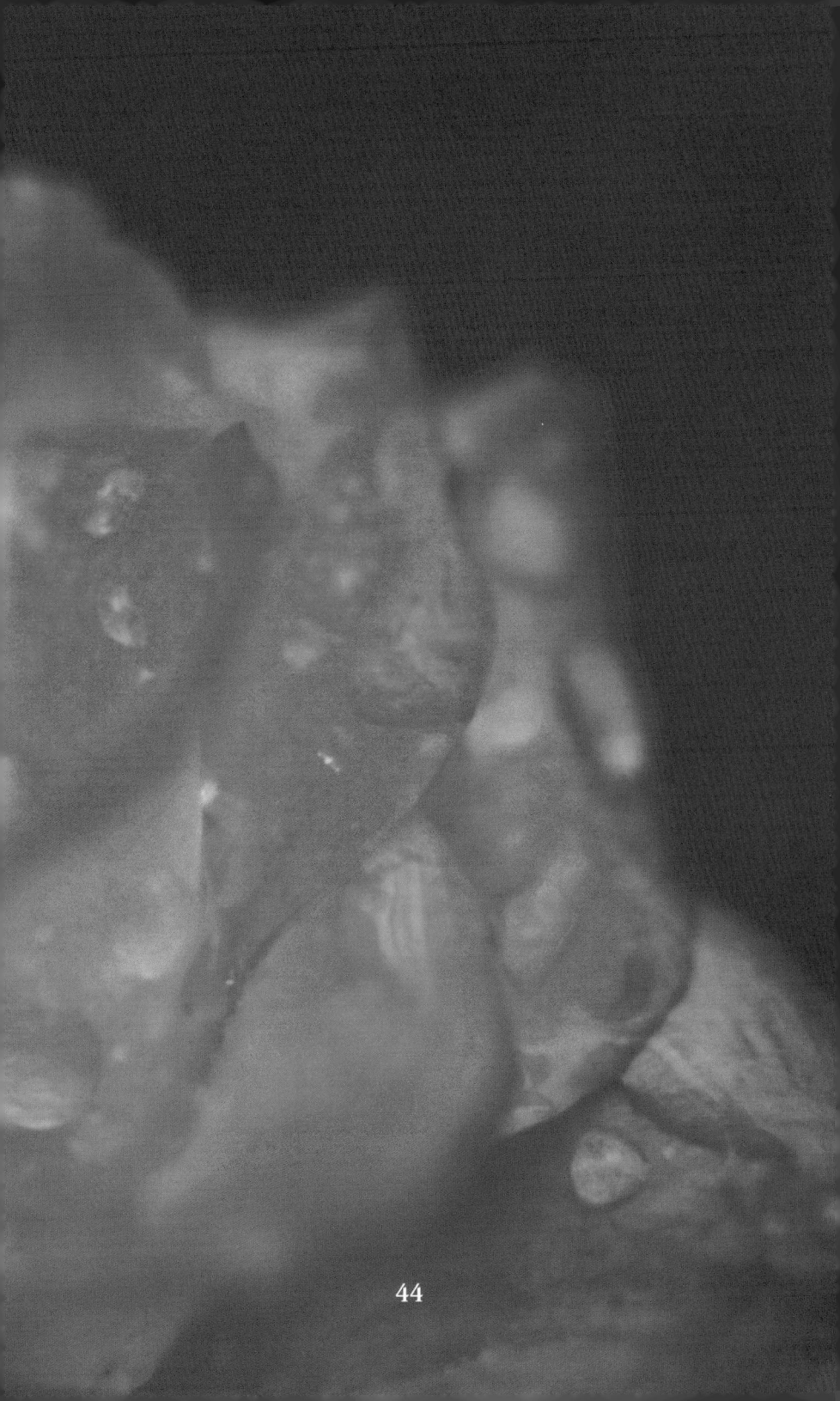

Nocturno Rosa
Xavier Villaurrutia

Yo también hablo de la rosa,
pero mi rosa no es la rosa fría
ni la de piel de niño,
ni la rosa que gira
tan lentamente que su movimiento
es una misteriosa forma de la quietud.

No es la rosa sedienta,
ni la sangrante llaga,
ni la rosa coronada de espinas,
ni la rosa de la resurrección.

No es la rosa de pétalos desnudos,
ni la rosa encerada,
ni la llama de seda,
ni tampoco la rosa llamarada.

No es la rosa veleta,
ni la úlcera secreta,
ni la rosa puntual que da la hora
ni la brújula rosa marinera…

Fragancias

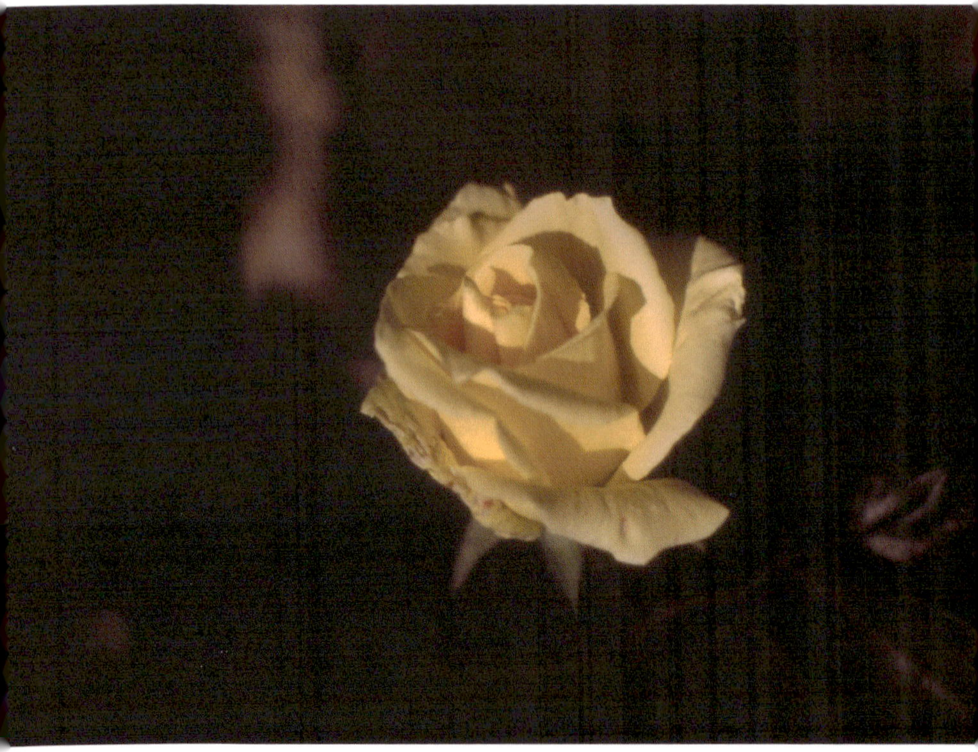

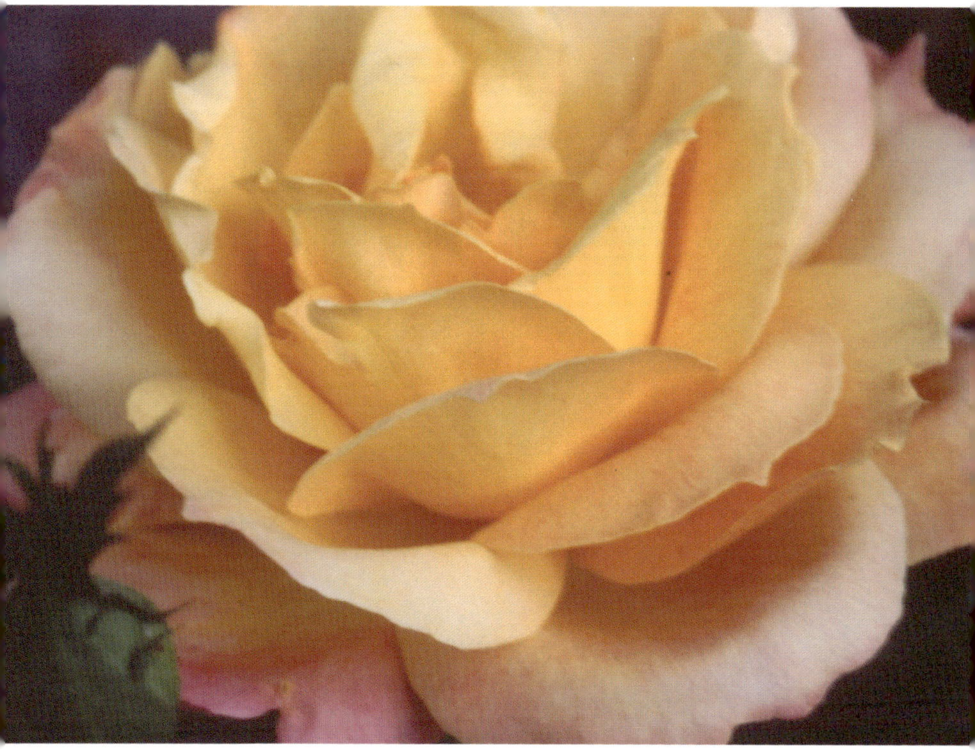

49

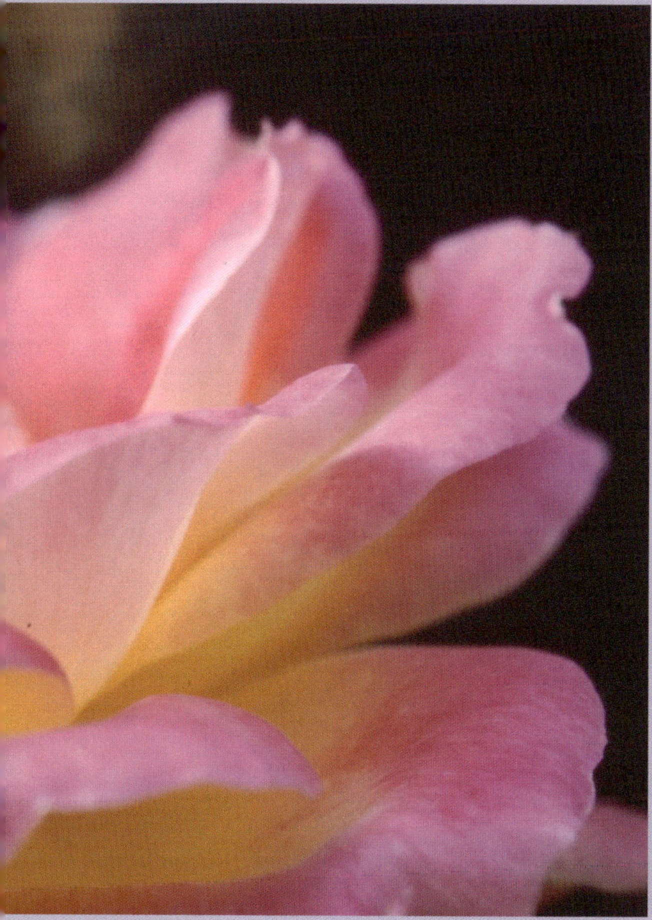

Un Jardín Más Allá Del Paraíso
Jalaluddin Rumi

Todo lo que ves tiene su origen
en un mundo invisible.
Tras el juego de apariencias
subyace le misma esencia.

Las maravillas que ahora ves
pronto desaparecerán.
Las palabras dulces
el viento se llevará.
Pero no te desanimes
pues es eterna la fuente
de la que fluye eternamente
alegría y vida nueva.

No llores por esto, hermano.
¡En ti mora este principio
que hace brotar de si mismo
al Universo y la Tierra!

La fuente es plena, el manantial eterno,
dile adiós al sufrimiento
y bebe hasta saciarte
pues nunca habrá de secarse
este magnifico océano. *Continúa Página 62*

Arte

53

54

55

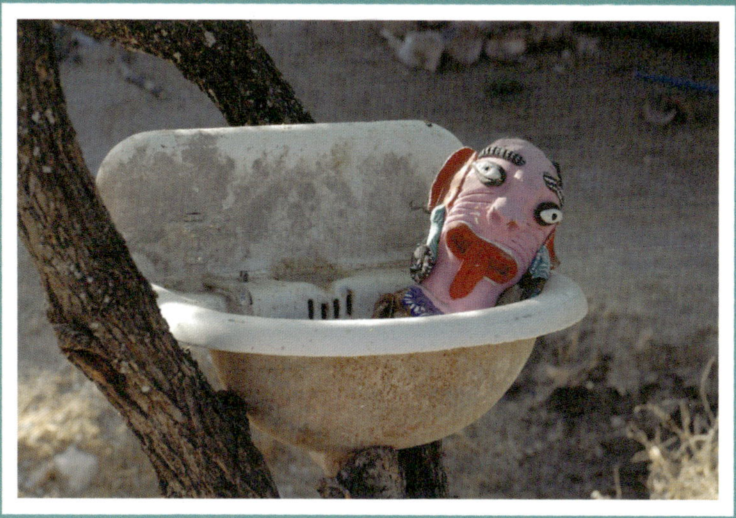

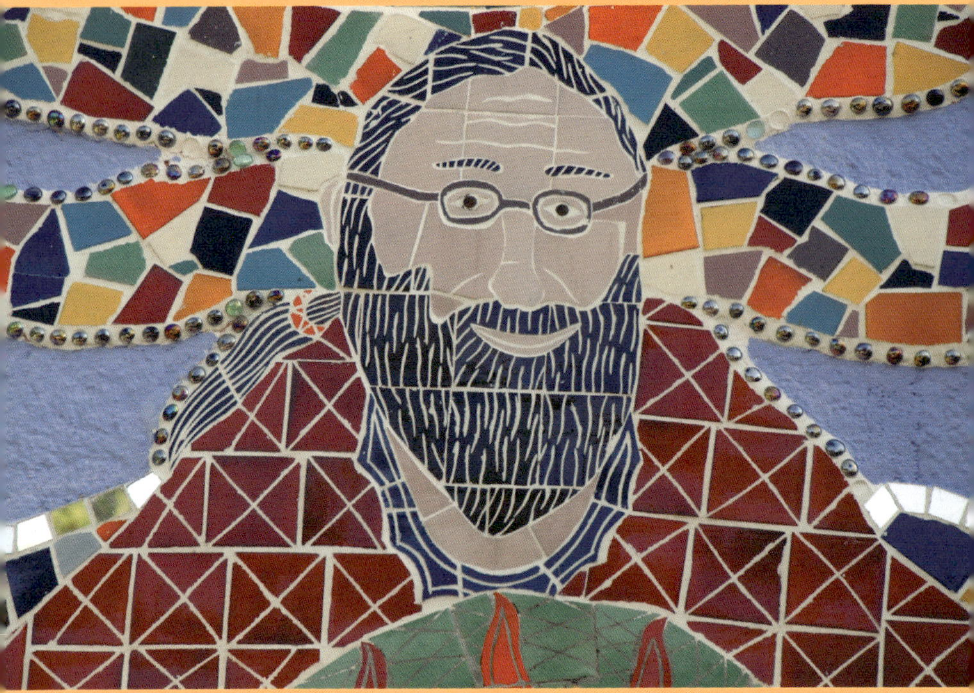

58

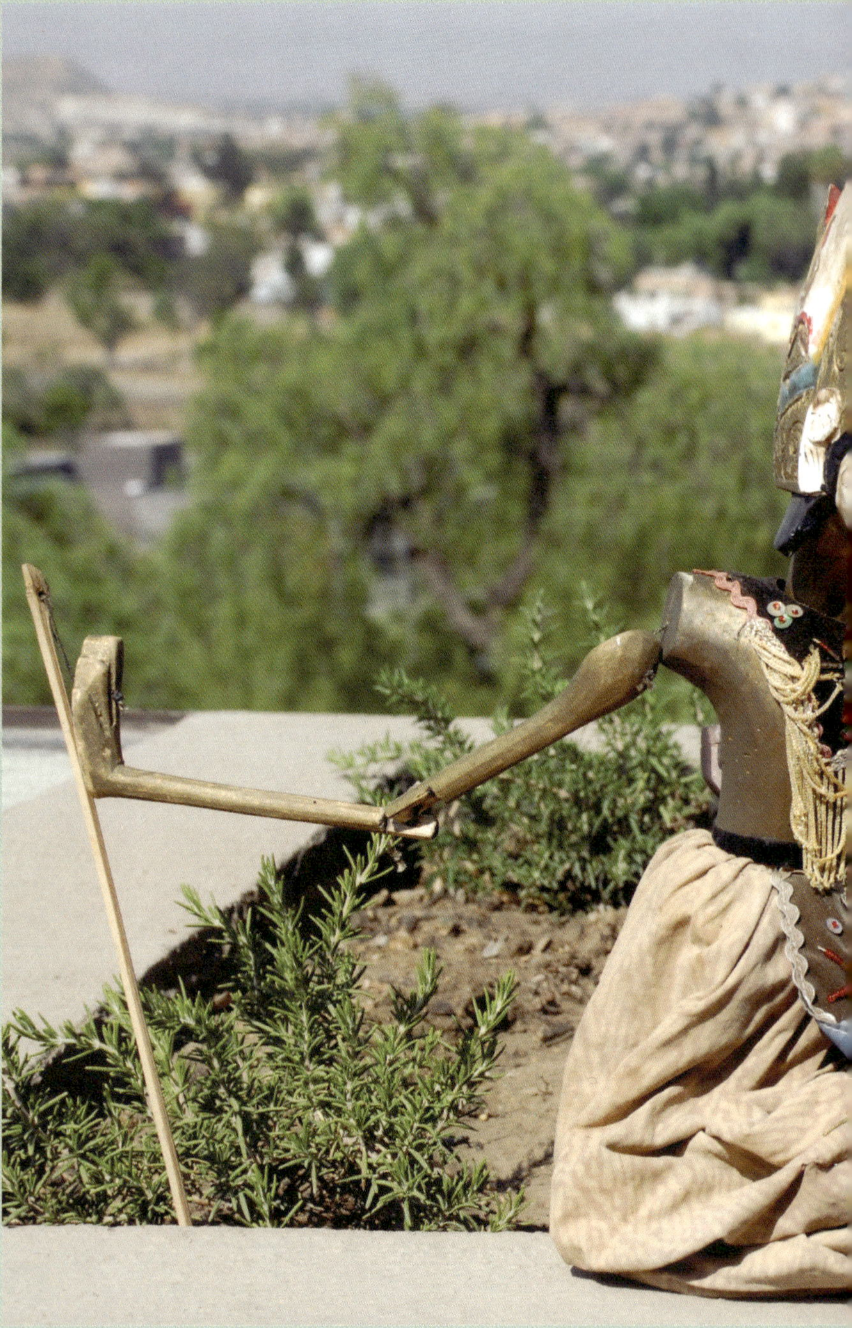

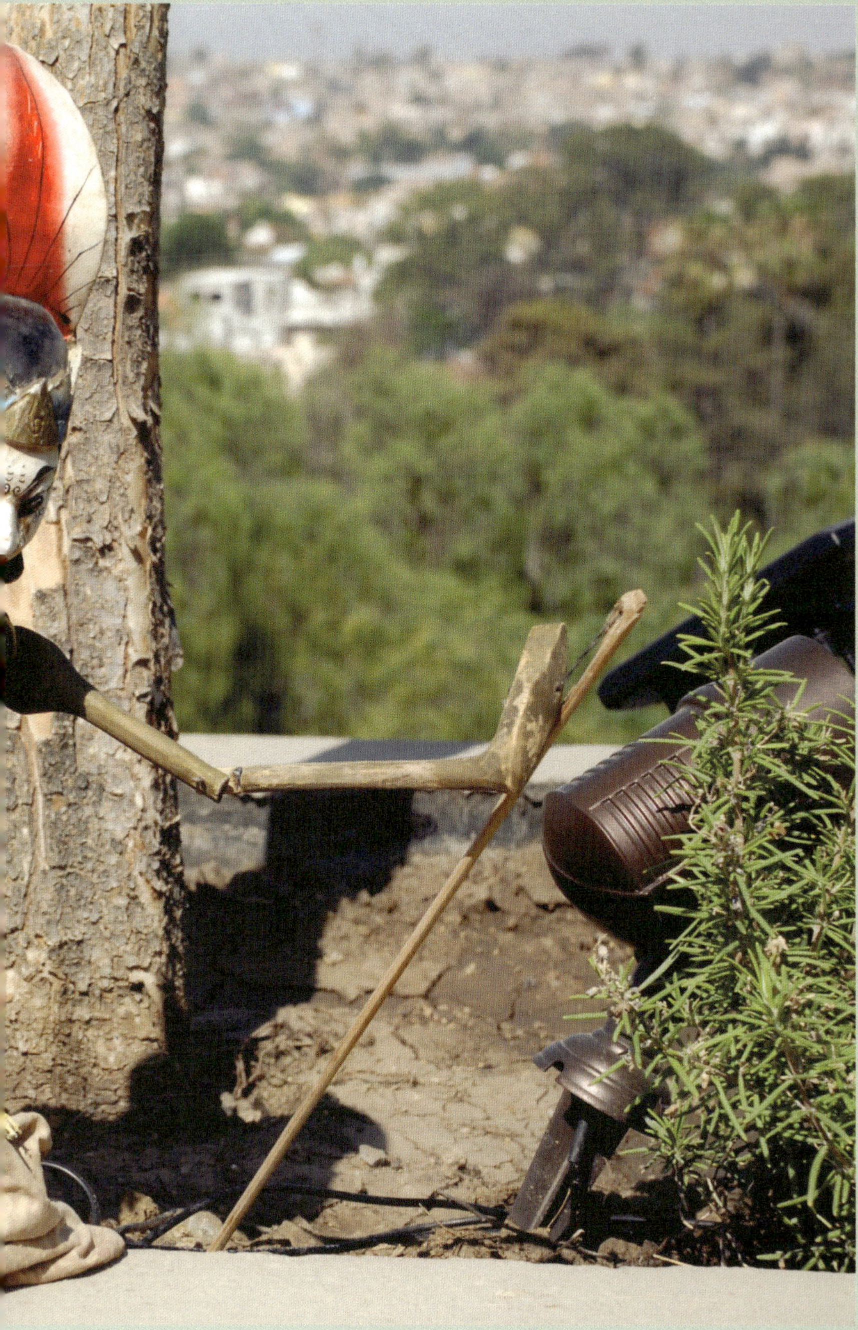

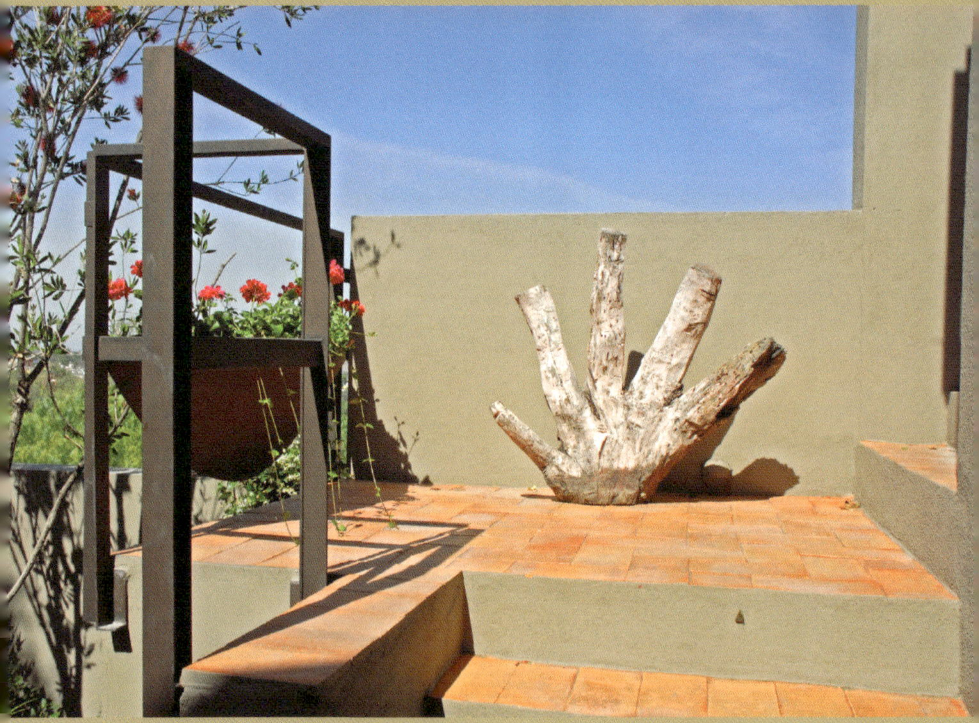

Cuando llegaste a este mundo
frente a ti se abrió una puerta
que tú eliges cruzar.
De la tierra fuiste planta
y de la planta animal.
Después fuiste un ser humano:
de fe, de intelecto
y de conocimiento estás dotado.

Mira este cuerpo de polvo,
¡qué perfección ha logrado!

¿Por qué has de temer su fin?
¿Has perdido alguna vez
algo al morir?

Al dejar tu forma humana
un bello ángel serás
y tu libertad surcará
los horizontes del Cielo.
Mas no te detengas ahí
pues los cuerpos celestiales
también se hacen viejos.

Trasciende ese mundo divino
y arrójate de cabeza
al vasto océano de la Conciencia.
¡Que la gota que ahora eres
engendre infinitos mares!

Amigo mío,
amigo querido,
escucha a Rumi:
No sólo la gota se convierte en el océano.
Ese océano de Amor
lleva en sí ¡esta gota!

A Un Gato
Jorge Luis Borges

*No son más silenciosos los espejos
ni más furtiva el alba aventurera;
eres, bajo la luna, esa pantera
que nos es dado divisar de lejos.
Por obra indescifrable de un decreto
divino, te buscamos vanamente;
más remoto que el Ganges y el poniente,
tuya es la soledad, tuyo el secreto.
Tu lomo condesciende a la morosa
caricia de mi mano. Has admitido,
desde esa eternidad que ya es olvido,
el amor de la mano recelosa.
En otro tiempo estás. Eres el dueño
de un ámbito cerrado como un sueño.*

Mascotas

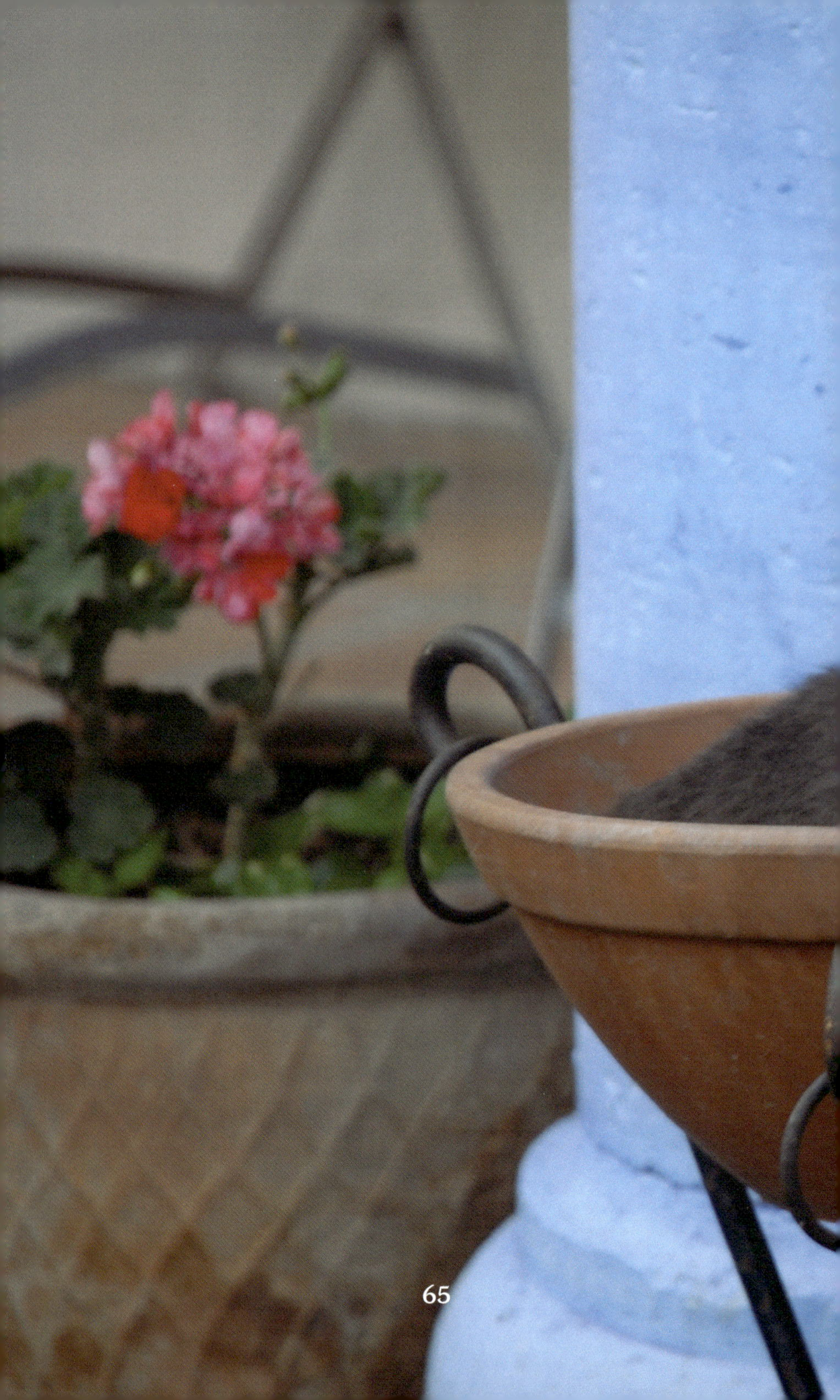

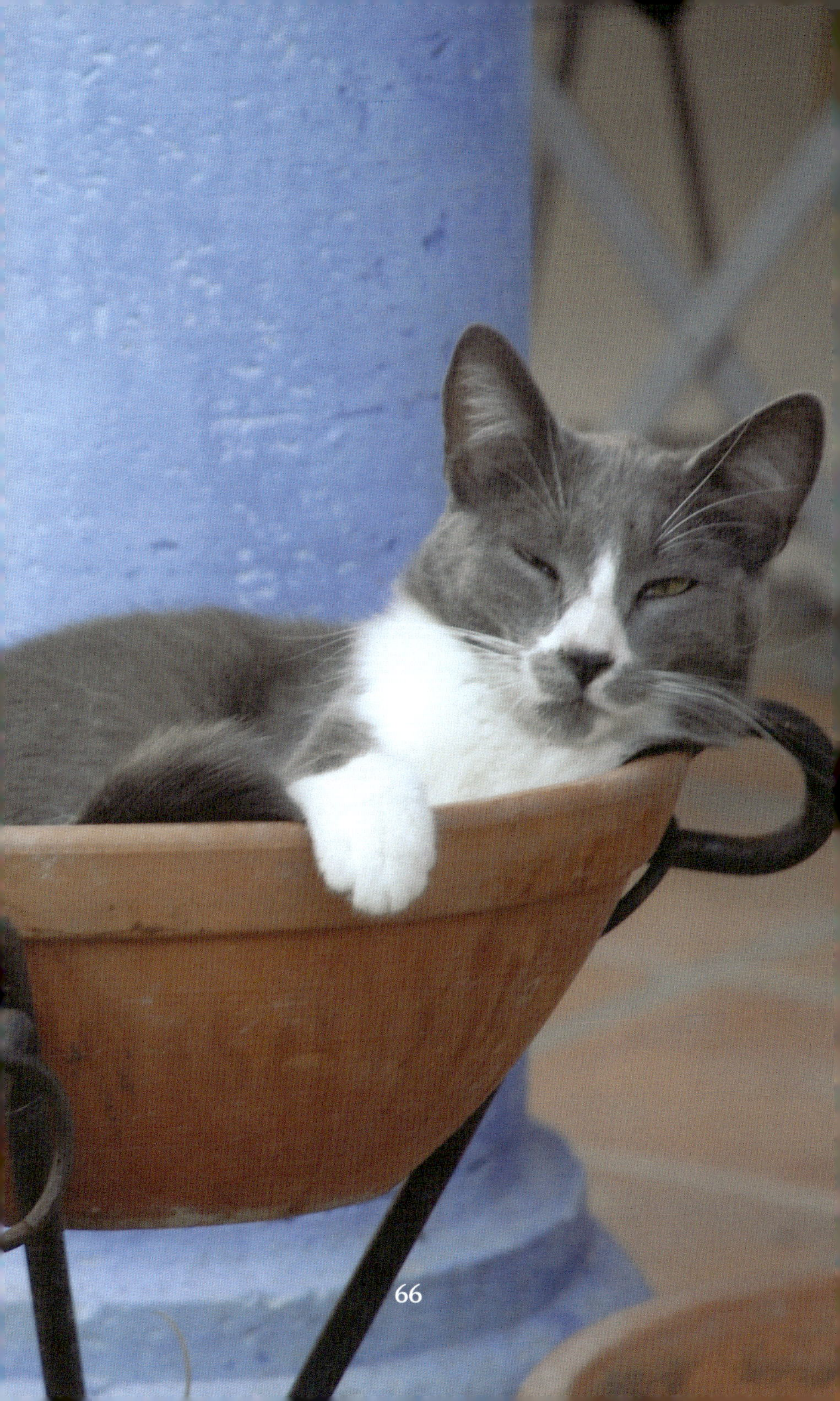

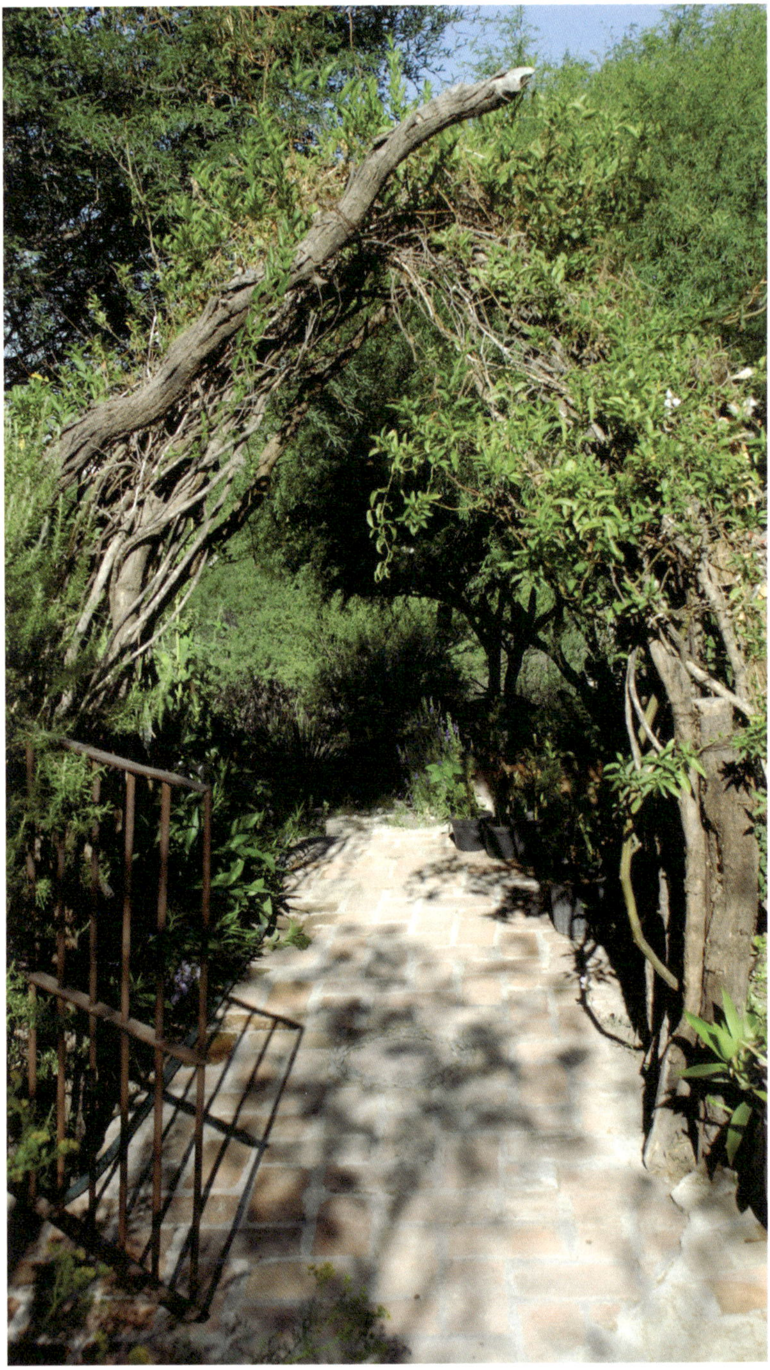

Beverly Russell
Autora

Beverly Russell es autora de más de diez libros en Inglés. Todos disponibles en Amazon.com.

Nació en Londres, Inglaterra, Beverly vivió en Los Estados Unidos por más de treinta años, antes de mudarse a San Miguel de Allende, México en el 2006. Más información en www.beverlyrussell.com

Barry Michlin
Fotógrafo

Barry Michlin, nació en Los Estados Unidos, ha sido fotógrafo por más de cincuenta años. Ahora vive en Los Angeles, California. Barry ha trabajado en muchos países del mundo, Francia, Italia, Inglaterra, España. Además exihibió su trabajo en diferentes exposiciones. Sus fotografias se han publicado en numerosos libros.

Silvia Elguea
Prefacio

Silvia Elguea nació en la ciudad de México. Ha trabajado como profesora de filosofía y lengua española en su ciudad natal, y en el extranjero. Silvia ha publicado artículos sobre ética ambiental y cultura. Obtuvo el premio de Rockefeller Foundation, Bancomer y CONACULTA para editar el libro *La Otredad*. Actualmente es académica independiente.

**Poemas seleccionados para
Poesía Iberoamericana Contemporanea.**
Prefacio Seleccion y notas de
Ramón Xirau, SEP/UNAM, Mexico,
© 1982.

Un Patio: A Un Gato: La Rosa: Jorge Luis Borges

Fuente: Octavio Paz

Glossa Incompleta en Tres Tiempos Sobre un Tema de
Amor: Salavador Novo

Nocturno Rosa: Xavier Villaurrutia

Un Jardín Más Allá del Paraiso
Poemas de Amor de Rumi
Un Jardín Más Allá del Paraiso
Traducción de la versión español: Vandita Martin
Fernández; Traducción de la versión inglesa de Jonathan
Star y Sharam Shiva, © Jonathan Star 2004